아들에게 건네주는 인생의 나침반

아들에게 건네주는
인생의 나침반

| 박효종(서울대 교수) 지음 |

아들에게 건네주는 인생의 나침반

초판 1쇄 인쇄 2002년 12월 22일
초판 1쇄 발행 2003년 1월 2일

지은이 박효종
펴낸이 김연홍
편집부 강현규·강양숙
영업부 곽철식　　**관리부** 이희진

펴낸곳 아라크네
출판등록 1999년 10월 12일 제2-2945호
주소 121-817 서울시 마포구 동교동 170-35 2층
전화 02-334-3887　　**팩스** 02-334-2068
이메일 free88@orgio.net

값 9,800원
ISBN 89-89903-12-2　03800

잘못된 책은 바꾸어 드립니다.
저작권법에 의해 보호받는 저작물이므로 무단전재 및 복제를 금합니다.

아이야!
아이야, 너는 이런 사람이 되어라.
많이 사랑하기보다는 진정으로 사랑하는 사람이,
많은 것을 가지려고 애쓰는 사람보다는
이미 있는 것의 가치를 헤아릴 줄 아는 사람이,
산에 오를 때는 제일 앞서 가기보다는
뒤에 처진 이와 동행하는 사람이,
억울한 일을 당할 때는 빙그레 웃으며 침묵하지만
불의에 대해서는 뇌성을 발하는 용기를 가진 사람이,
거짓을 말하는 자의 어리석음을 묵묵히 용서하지만
한 번의 약속은 무섭게 지키며
정직을 생명처럼 아끼는 사람이,
훗날 서로 헤어져 세월이 흐른 뒤에도
눈물나도록 보고 싶은 그리움을 간직하는 그런 사람이…….

추천의 글

공부라는 짐에 짓눌리다 보니 청소년들은 짜증스럽고 부정적 감정에 싸이기 십상이다. 힘들고 지칠수록 세상과 자신을 긍정적으로 생각하는 플러스 발상이 필요하다. 박효종 교수는 10대들에게 진정으로 풍요롭고 행복하게 산다는 게 무언지 잘 가르쳐주고 있다. 이 책을 읽고 나면 겸손하고 친절한 사람, 가로등 불빛같이 따뜻한 사람으로 자라날 수 있으리라고 확신한다. 부모님들이 먼저 읽고 자녀들에게 선물해주면 더욱 좋은 책이다.

- 이원희(한국청소년단체협의회 회장, 한국스카우트연맹 총재)

젊은 날에는 연예인이 멋있어 보이고 멋진 차와 좋은 집을 가지고 싶었다. 세월이 가고 열정이 식으면서 과연 추구하던 그것들이 본질이냐를 회의했다. 그동안의 궤도 이탈을 반성하고 방향을 다시 잡으려 허둥댔다. 인생은 순간순간 커다란 파도의 흐름 같은 곡선이었다. 그러나 진실과 사랑이라는 좌표를 향한 나침반을 가진 사람은 행복의 항구에 도착한다. 이 책은 고민하는 젊은이들에게 정말 필요한 것이 무엇인가를 알려준다. 남보다 사다리를 몇 칸 더 올랐나보다는 사다리 자체가 제자리에 놓여졌는가를 생각하게 한다.

- 엄상익(변호사)

많은 청소년들이 가야 할 길을 못찾고 있는 현실에서 이 책은 오아시스와도 같다. 이 책을 읽고 자기 삶의 주인공이 되고, 나아가 인생을 향기롭게 가꾸어 나갈 수 있으리라 확신한다. 사실 우리 어른들은 헌신, 용기, 용서 등의 진정한 삶의 가치들에 대해 오래도록 잊고 살아온 것이 사실이다. 지금의 10대들은 어른이 되기 전에 하루라도 더 일찍 삶의 진정한 가치를 깨닫게 되길 바란다.

- 손병두(전국경제인연합회 부회장)

앞으로 우리들의 가정과 나라를 지켜주고 발전시켜줄 소중한 10대들에게는 물론, 그 부모님들께도 크게 가르침을 주는 좋은 책이라고 느꼈습니다. 또한 그리스로마 신화에서 인용한 이야기, 중국의 노장철학, 수많은 케이스 스터디 등 정말로 철학, 지식, 상식을 망라하여 많은 것을 배울 수 있는 교재이기도 합니다. 이런 좋은 책이 나와서 많은 분들이 읽고 사회를 보다 맑고 밝게 이끌어 가는 데 크게 도움이 되기를 바랍니다.

- 김종욱(우리은행 수석부행장)

이 책은 10대뿐만 아니라 성인이 된 나에게 삶을 윤택하게 살아갈 수 있는 지침서이다. 10대 때 나의 모습은 대학이라는 목표 하나에 가치관을 두고 정진했던 모습뿐이었다. 내가 어떤 곳에서 어떤 모습으로 살아갈지 진정 생각해 보지 않고, 눈으로 보여지고 채워지는 물리적인 허상만 좇으며 살아왔다. 10대들에게 권한다. 아직 완성되지 않은 그대들의 도화지 위에 진술과 용기와 헌신과 책임께 감동시키는 요소를 가득 그려 넣으라고. 그렇게 한다면 성공이라는 삶에 한 발짝 더 가까이 갈 수 있다는 것을…….   - 임희랑(직장인, 25세, 경기도 안양시 동안구 호계동)

책에 별 흥미가 없는 학생들도 직접 말을 거는 듯한 이 책을 통해 인생의 설계를 할 수 있을 것입니다. 실제로 입시와 진로 문제가 눈앞에 닥친 저도 용기를 얻을 수 있었습니다. 인생의 중요한 갈림길에서 청소년들에게 파비우스의 전법을 심어줄 수 있는 한 줄기 빛이 될 수 있는 책입니다. 거대한 해일조차 유유히 넘을 수 있는 범선이 되기 위한 선원과 돛의 역할을 해줄 책!
- 김동현(학생, 서울 문정중학교 3학년)

우리 10대들의 삶이 요즘 좋지 않은 방향으로 흘러가고 있다. 자신의 삶에 대해 별로 생각도 안하고 긍지도 없고 꿈도 없다. 이 책은 그런 10대들에게 큰 깨우침을 준다. 10대들이 이 책을 읽고 자신들의 삶을 좀더 잘 꾸며 나갔으면 한다. 인간된 삶의 도리를 알려주면서, 어른이 되지 않은 청소년들에게 커다란 감명을 남겨주는 책이라고 생각한다. 그리고 확신도 한다. 왜냐, 내가 10대니까.
- 김세영(학생, 서울 양동중학교 2학년)

저자는 인생의 갈림길에 놓인 우리 10대들에게 올바른 길을 안내해 주고 있다. 자신의 꿈과 목표를 이루기 위해 노력하는 시기에 그 꿈을 잃어버린 많은 10대들…… 다시 그 꿈을 되찾아 성공된 삶을 살기 원한다면 이 책을 권하고 싶다. 이 한 권의 책이 우리의 인생을 몰라보게 바꿔 놓을 수도 있기 때문이다.
- 범보라(학생, 광주 숭일중학교 1학년)

추천의 글

나침반 없는 세상을 위한 나침반

박원순(아름다운재단 상임이사, 변호사)

너무 가슴이 아프다. 입시 실패 때문에 자살까지 하는 아이들을 보면서 이 땅에 자식을 둔 부모로서 너무 가슴이 아프다. 누구의 아이라고 할 것 없이 모든 기성세대의 책임이고 죄이다. 우리가 겪었던 입시지옥과 비인간적인 학교 풍토를 조금도 개선하지 못한 채 우리의 아이들에게 고스란히 그대로 물려주고 있기 때문이다.

더 가슴이 아픈 것은 이렇게 큰 아이들이 이제 사회로 나가 어떻게 살아갈 것인가 하는 걱정 때문이다. 생각해 보라. 학교에서 친구들과 사이좋게 지내는 법보다 경쟁하는 법을 먼저 배우는 아이들이 만들어낼 세상을. 진정하게 잘사는 것이 무엇인지 배우기 전에 돈을 먼저 아는 아이들이 만들어낼 세상을…….

이 지옥 같은 생활을 하고 있는 우리 아이들이 그 속에서 제대로 성장하고 있다고 보기는 어렵다.

박효종 교수가 지은 이 책은 바로 우리 시대 아이들이 어떻게 사는 것이 진정으로 잘사는 길인지를 가르쳐주고 있다. 그야말로 우리 아이들에게 건네주는 '인생의 나침반'이다. 우리 아이들이 가슴에 새겨둘 금언서이며, 박교수의 표현대로 어버이의 '따뜻한 자장가'이다. 우리 아이들에게 사춘기가 찾아와 삶의 의미에 대해 전전긍긍할 때, 혹은 입시가 끝나고 다시 긴 고민의 여로가 시작될 때, 이 책은 인생의 든든한 나침반이 되어줄 것이다.

 이 책은 박교수가 자신의 자녀에게 보내는 이야기이면서 또한 누구의 자녀에게도 해당되는 보편적 메아리를 가지고 있다. 사실 부모라면 누구나 자신의 아들딸에게 이런 작은 책 하나 남기는 꿈을 꾼다. 그러나 시간이 허락하지 않고 능력이 따르지 못해 책은 쓰지 못하지만, 사실 어른들은 끊임없이 자신의 아이들에게 말하고 있다. 인생을 어떻게 살아야 하는지, 왜 그 일은 안 되고 이 일은 해야 하는지. 어떤 때는 설득으로, 또 어느 때는 꾸지람으로 삶의 지혜와 교훈을 전하려 한다. 그것은 세대에서 세대로, 세대를 넘어 어른들이 그 이전의 세대로부터 받았던 것을 다음 세대로 전하는 과정이기도 하다.

 그런 의미에서 이 책은 우리 어른들이 꿈꾸지만 이룰 수 없는 그 꿈을 이루어주고 있다. 우리가 할 일은 이 책을 사서 우리 아이들에게 건네주는 일이다. 어른으로서 우리 아이들에게 전하고 싶었던 그 모든 아름다운 지혜와 조언이 이 책 한 권에 들어 있기 때문이다. 더구나 그것은 일방적 훈계나 꾸지람이 아니라 자장가처럼 나지막하게, 사랑이 듬뿍 들어간 타이름으로 다가가고 있다. 우리 어른들의 고민과 꿈을 함께 해결해 준 박교수의 노고에 감사드린다.

저자의 말

아이야, 이렇게 사는 것도 좋구나!

　아직은 커피보다는 우유가 어울리는 너에게 꼭 하고 싶은 말이 있어 편지를 쓰기로 했다. 채팅을 좋아하고 또 컴퓨터 게임에 몰두하고 있는 너. 때로는 내가 알아듣지도 못할 컴퓨터 언어를 쓰고 있는 네가 외계인처럼 마냥 신기해질 때도 있다.
　그렇다고 네 생활이 즐겁기만 한 것은 아니라는 걸 안다. 학교생활, 학원 생활에서 점수와 피말리는 전쟁을 벌이며 매일 밤 12시 가까이 파김치가 되어 돌아오는 네가 아니냐. 네 삶이 피기도 전에 삶의 가혹함에 찌들려 있는 것은 아닌지 걱정된다. 너는 공부라는 이름으로 고된 시련의 과정, 혹은 앞이 잘 보이지 않는 어둠의 터널을 지나고 있는 셈인지 모른다. 혹시 지금도 세상이 힘들다고 짜증내고 화를 내고 있지는 않니. 정녕 그렇다면 몹시 힘들어하고 고단해하는 네 마음과 영혼을 어루만져주고 싶다. 이것이 내가 이 편지를 쓰기로 결심한 동기며 이유이다.
　물론 이 편지에서 내가 하고자 하는 말들이 '좋은 삶'을 살아가는 데 있어 절대적 기준이 되는 금과옥조라고는 말할 수 없다. 더더욱 오류가 전혀 없는 진리라고 말하기도 곤란하다. 또 네가 강으로 나가든 바다로 나가든 긴 항해 끝에 도달하고자 하는 목적지라고 하기엔 이 편지의 말들은 잔잔한 물에 비견될 만큼 그저 평범하고 수수한 말에 불과하다는 느낌을 떨칠 수 없을 것 같구나. 즉, 큰 파도를 일으키고 눈사태를 일으킬 만큼 위력이 있는 메시지는 결코 아니다.

그러나 그렇다고 해서 너의 마음을 조금이라도 움직일 수 있고 작은 반향이라도 일구어내는 힘을 주는 말들이 되었으면 하는 소망이 없는 것은 아니다. 구태여 말한다면, 산이나 사막에서 길을 가는데, 혹은 강이나 바다에서 항해할 때 길을 잃어버리지 않게 도와주는 나침반의 역할을 했으면 하는 마음이다. 나침반은 항상 필요한 물건이 아니다. 그렇지만 길이 헷갈리고 어디가 어딘지 찾기가 어려울 때 꼭 필요한 물건이다. 마찬가지로 삶이 어지럽거나 너무 고달프게 느껴져 방향감각을 상실할 지경에 이르렀을 때, 이 글들이 너에게 작은 도움이 되었으면 좋겠다.

이 편지들은 네가 공부를 잘하기 위한 비법을 제시하는 글이 아니다. 따라서 논술이나 면접을 잘 보기 위한 비결을 전하는 내용이 들어 있을 턱이 없다. 다만 어른이 되어 가는 과정에서 겪게 되는 너의 고뇌와 고단함, 또 공부를 해나가는 과정에서 감내해야만 하는 절제, 인내, 끈기, 그리고 각종 부조리와 모순에 관한 인식들을 값진 것으로 만들고자 하는 마음에서 쓰게 된 글들이다.

조금 욕심을 내서 과장되게 말한다면, 연금술사가 갖는 기대와 같은 설레임이 없는 것도 아니다. 중세기 유럽의 연금술사는 동이나 철처럼 일상적인 것으로부터 귀한 금과 은을 만들겠다고 동분서주해 온 사람들이다. 물론 그들의 노력은 실패로 끝났다. 하지만 광물에 대한 연금술은 실패로 끝났지만, 삶에 대한 연금술은 성공할 수 있지 않을까. 나는 이 편지를 통하여 그러한 삶의 연금술사가 되고 싶은 충동을 문득 느낀다. 물론 그것은 어디까지나 나의 부질없는 소망일 뿐, 삶의 연금술이 착각이 될지 아니면 현실이 될 수 있는지는 전적으로 이 글을 읽는 네게 달려있다. 물론 그렇다고 해서 내가 완벽한 존재라는 것은 아니다. 나도 너 못지 않은 결점과 흠결을 갖고 있는 부족한 인간이고 또 숱하게 시련과 유혹에 허덕이고 있는 존재임을 고백할 수밖에 없다.

하지만 너와 차이가 있다면, 너보다 먼저 산길을 올랐기 때문에 너보다 많은 걸 보고 느꼈다는 점이다. 그런 것이 연륜이고 삶의 나이테일 터이다. 마치 산에 오르는 사람이 힘들게 산꼭대기에 이르면 산 아래가 훨씬 잘 보이듯이, 그래서 산길에 나서고 있는 신출내기에게 도움의 말을 해주고 싶은 것처럼 말이다.

때문에 여기에 쓴 편지의 말들이 죽기 전에 하는 아버지의 유언처럼 비장하게 들리는 이야기라기보다는 자장가를 부르면서 "호랑이 담배 피던 시절에" 하는 식의 옛날 이야기처럼 들렸으면 하는 마음이다. 또 높은 강단에서 설교하는 엄숙한 이야기보다는 난로가에 둘러앉아 도란도란 나누는 이야기로 들렸으면 좋겠구나.

얘야! 이 편지에서 하고자 하는 말들은 비교적 간단하다. 영악한 삶보다는 진솔한 삶을 추구하고 꿈과 이상을 가져라. 악의 유혹에 슬기롭게 대처하고, 여유를 갖고 정진하며, 당당하게 경쟁하고 성공에 겸손해라. 내가 두려워하는 것은 네가 용서와 배려의 정신이 결여되고, 헌신과 책임에 대해 외면하고, 감동할 줄도 모르고, 스스로를 되돌아볼 줄 모르는 사람이 되는 것이다. 또 진정한 사랑을 할 줄 모르는 사람이 될까봐 걱정이다.

네가 배려와 헌신, 책임의 정신으로 충만한 사람이 될 수 있다면, 어디에 가서 어떤 일을 하든 너는 환한 미소를 짓고 작은 일에도 쉽게 감동하는 행복한 사람이 될 것이다. 하지만 배려와 헌신, 책임의 정신이 결핍된 사람이라면, 아무리 남부럽지 않은 경쟁력과 실력을 갖추고 있다고 해도 행복을 느끼기는 어려울 것이다.

이 편지의 글을 통해 '좋은 삶', 즉 행복의 문을 열 수 있는 화두와 같은 것들을 들려주고 싶구나. 이제부터 아빠의 마음 속에 담아 둔 말들이 무엇인지 들어보렴.

언제나 너를 사랑하는 아빠로부터

CONTENTS

추천의 글 _ 나침반 없는 세상을 위한 나침반

저자의 말 _ 아이야, 이렇게 사는 것도 좋구나!

좋은 삶에 관심을 가져라 _19

진솔하게 살아야 하는 이유 _29

어른이 될 준비는 되었니 _39

젊음 그 자체가 가치 있는 것은 아니다 _53

네 삶에도 파비우스 전법을 _63

악의 유혹에 슬기롭게 대처하기 _81

진정한 용기는 모험과 다르다 _97

너무나도 소중한 '오늘' 과 '지금' _111

무모한 경쟁에 휘말리지 말아라 _123

성공의 비밀, 실패의 비밀 _143

진정한 용서는 적대감의 퇴출 _157

혼자만 옳다고 우기지 말아라 _173

오늘 얼마나 봉사했니 _187

아픈 만큼 성숙해진다 _203

헌신하는 삶은 향기롭다 _215

책임질 줄 아는 사람이 되어라 _227

행복은 성적순이 아닌 감동순 _241

너만의 거울을 보는 법을 배워라 _257

진실한 사랑에 대하여 _273

^ 아들에게 건네주는 인생의 나침반

CHAPTER

1

좋은 삶에 관심을 가져라

참다운 행복, 그것은 우리들이 어떻게 끝을 맺느냐가 아니다. 어떻게 시작하느냐가 문제다.
또 우리들이 무엇을 소유하느냐가 아니다. 무엇을 바라느냐의 문제다.
-레싱-

너는 어렸을 때부터 많은 것을 궁금해했지? 또 여행도 많이 하며, 새로운 것을 보고 체험하면서 느낀 것을 글로 쓰기도 하더구나. 너는 이번에 친구들과 배낭여행을 할 계획이라면서? 고생은 되더라도 힘껏 돌아다니며 많은 것을 보아라. 확실히 경험과 체험은 우리에게 소중한 것을 가르쳐준단다.

가을 산을 한 번 가본 사람은 가을 산의 단풍과 낙엽이 얼마나 신비스러운지를 알게 되는 것이고, 음악회를 가본 사람은 테너가수의 중후한 목소리가 얼마나 영혼을 사로잡는지 알게 되기 때문이지. 또 어떤 영화가 멋있다는 이야기를 아무리 귀에 따갑게 들어도 네가 직접 본 것만큼은 못하지 않겠니. "백문이 불여일견"이란 말이 그래서 나온 것 같구나.

존 로크는 인간의 이러한 상태, 즉 경험해 보지 못한 상태를 '타불라 라사(tabula rasa)'라고 규정하기도 했지. 인생은 모르던 것을 깨우치고 못 보던 것을 보게 되는 놀라움의 연속이란다.

우리 앞에 펼쳐진 경험의 세계는 무궁무진하다. 그래서 보고 관찰하고 체험할 것도 많지만 그보다 중요한 것은 '관심'이라는 걸 기억해라.

세상이 넓고 다양한 것은 두말할 나위가 없지. 하지만 칼 포퍼라는 학자는 "굶주린 사자에게 세상은 먹을 수 있는 것과 먹을 수 없는 것, 둘 중의 하나로만 보일 것"이라고 말했단다. 재미있지 않니? 하지만 사실이야.

경험보다 중요한 건 관심

나팔꽃을 보더라도 '우리꽃 살리기 운동본부' 회원이라면 외래식물이나 귀화식물로 볼 것이고, 잠꾸러기 어린애들은 아침에 일찍 일어나라고 나팔부는 꽃으로 볼 것 같지 않니.

또 너도 시험을 쳐봐서 알겠지만 시험장이란 누구는 붙고, 누구는 떨어지는 곳으로 보일 뿐, 시험장 안에 붙어 있는 상큼한 그림과 고즈넉한 시가 네 가슴속에 들어올 턱이 있겠니.

아름다운 목련꽃이 피어 있어도 네가 그걸 감상할 마음의 여유가 없다면 목련꽃은 없는 것과 다름없단다. 또 겨울에 '눈사람'을 만들어놓고 보면, '눈' 자체에 매료되는 아이들도 있고 '추억'에 매료되는 어른들도 있지 않겠니.

마찬가지로 하늘에 있는 별을 보아라. 시인은 별님, 달님을 노래하고자 할 것이고, 천문학자들은 수백만 개의 은하계와 수십 억 개의 행성을 떠올릴 것이다. 점성술사에게는 토성이 사자자리에 있는지가 관심의 대상일 것이고, 또 신학자에겐 전지전능한 신에 대비되는 인간의 왜소함만이 눈에 들어올 거야. 또 농민들은 내일 날씨가 맑을지, 비가 올지만을 가늠하기에 바쁘지. 그러고 보면 하늘의 별이 그 자체로 우리에게 주는 것은 극히 적고 결국 우리의 관심이 하늘과 별에 대한 경험세계를 지배하게 마련이구나.

너는 삶에서 어떤 관심을 가질 거니

우리 속담에 "원수는 외나무다리에서 만난다"라는 것이 있다. 하지만 한 번 생각해 보렴. 다리를 건널 때 왜 하필 원수만 외나무다리에서 만나겠니. 오랫동안 못 봤던 친구도 만나고 동창도 만나고 친척도 만나고 또 은인도 만나지 않겠니. 하지만 원수에 대해서는 평소에도 항상 꺼리는 마음이 있고 그래서 만나지 않았으면 하는 마음이 간절한데, 그만 덜컥 외나무다리에서 만나게 되니까 이런 말이 나오게 된 것이 아니겠니.

이처럼 관심이 우리의 지각을 인도하는 것이란다. 혹시 매일 아침 이메일을 열어볼 때, 쏟아져 들어오는 스팸메일을 기계적으로 지워대다가 우연히 아는 사람의 이름이 있을라치면 그렇게 반가울 수가 없지? 그게 관심이란다.

그렇다면 모든 지각과 경험은 관심에 의존한다고 말할 수 있지 않겠니. 그런 의미에서 보면 사실과 경험은 '주어지는 것'이 아니라 '만들어지는 것'이라고 말할 수 있을 게다.

너는 삶에서 어떤 관심을 가질 거니? 혹은 어떤 삶을 만들려고 하니? 네 삶을 인도하게 될 하늘의 별은 도대체 무엇이니? 신약성서를 보면 하늘의 별이 세 왕의 발걸음을 인도하여 예수 그리스도의 탄생지인 베들레헴에 다다르게 하지. 궁금하구나. 너는 세상을 바라보고 사람을 만나면서 또 공부하고 대학을 가고 혹은 결혼생활과 직장생활을 하면서, 어떤 관심을 갖고 삶에 임할 거니?

너는 게임도 좋아하고 뮤직 비디오도 좋아하지? 또 이메일 쓰기도 좋아하고 이메일 읽기도 좋아하지? 글쓰기와 책 읽기도 좋아하는구나. 그러면 그게 네 관심사가 될 것 같으니? 아니면 무병장수나 오복(五福)을 꿈꾸니?

오복은 사람들이 원하는 다섯 가지 복이란다. 옛날부터 우리 조상들은 오복을 갖추는 것을 삶의 최대 관심사로 여기곤 했지. 오래 살고, 부자되고, 건강하고, 이가 튼튼하고, 자손이 많은 것 등등이다.

이것이 옛날 말이래서 얼른 피부에 와 닿지 않는다면, 요즘 말로 새롭게 바꿀 수도 있다. 네가 고른 이를 가지라고 엄마가 어려서 네 치아 교정을 시켜준 것 알고 있겠지? 그건 네가 오복을 누리길 바라는 마음에서란다.

그렇지 않으면 "부자되세요" 하는 말이 네 마음을 사로잡니? 빌 게이츠 같은 최고경영자는 어떠니? 아니면 수많은 추리소설을 쓴 아가사 크리스틴이 네 이상적인 인물이니? 임요환 같은 컴퓨터 게이머는 어떻니?

정작 너는 뭐가 되고 싶으니? 네 삶의 관심이 어디로 향해 있는지 무척 궁금하구나.

원천적이고 가치 있는 삶의 테마

네 삶에 대한 관심이 보다 원천적이고 가치 있는 것에 쏠렸으면 좋겠구나. 반듯하고 자신 있고 활기차고 도전정신을 가진 너, 강인하고 용기 있고 겸손하고 헌신의 정신을 가진 너, 자기 실현에 관심을 갖고 절제와 봉사의 정신을 갖고 있는 너, 그것이 너의 존재가치가 되고 너의 인생 테마가 되기를 바란다.

네가 능력 있고 재력 있는 사람이 되기를 원한다면 물론 그 자체로 나쁠 것은 없다. 문제는 그것이 부차적인 것에 불과할 뿐, 가장 중요한 기본적인 것은 아니라는 것이다. 즉 가치 있는 삶의 핵심은 능력, 재력, 성공만으로는 충분치 않다는 것을 잊지 말아라. 가령 돈을 많이 번 최고경영자가 되었다고 해도 결국 그 돈을 어떻게 쓸 것인가 하는 문제에 부딪히지 않겠니?

너는 돈을 벌고 싶고 그래서 부자가 되고 싶지? 나이 먹기 전에 젊어서 부자가 되고 싶을 수도 있다. 물론 젊은 네가 돈에 대해 관심을 보이는 것은 돈독이 올라서 그런 것이 아님을 안다. 아마도 돈이야말로 네 성공에 관한 중요한 지표가 된다고 생각했기 때문이 아니냐? 그것이 아니라면 돈이란 네가 하고 싶은 일을 뒷받침해 줄 수 있는 것이 되기 때문이 아니겠니?

돈 없이 과연 무얼 할 수 있겠니? 책도 사 볼 수 없고 영화를 보러 다닐 수도 없고…… 돈 없이 꿈을 이룰 준비를 한다는 건 어림도 없겠지. 빨리 돈을 벌어 네가 하고 싶은 일에 매진하고자 하는 그 바람은 이해하고도 충분히 남음이 있단다.

하지만 돈이 삶의 핵심적 관심사가 되어서는 안 된다. 또 돈은 너의 눈을 멀게 할 수 있다는 사실을 잊지 말아라. 돈 이외에 아무 것도 안 보이고, 사람을 보거나 직장을 볼 때도 모든 기준이 돈으로만 매겨진다면, 그래서 모든 것이 돈으로 보인다면, 네 눈은 돈에 눈이 먼 것이나 다름없다.

'미다스의 손'으로 불려지는 미다스왕의 비극을 아니? 너무나 황금을 좋아해서 자신의 손으로 만지는 것은 무엇이나 황금으로 변하기를 원했던 왕. 하지만 정작 그 꿈이 이루어지니깐 후회할 수밖에 없었구나. 물 한 컵조차 마실 수 없었으니 말이다. 급기야 자신의 사랑하는 딸조차 황금상으로 변했으니, 황금의 손이 무슨 소용이 있겠니?

결국 미다스는 '팍톨로스'의 강물에 자신의 탐욕과 어리석음을 씻고 황금의 저주에서 벗어났다. 너는 황금의 손을 추구하기보다는 네 영혼 안에서 흐르고 있는 팍톨로스의 강물을 찾을 줄 알아야 한다.

좋은 삶이란 무엇인가

우리 사회에서 사람들은 오복을 부러워하고 오복을 조르면서 살기도 한다. 지금 이 순간에도 오복을 부러워하는 사람들은 많지. 마치 미다스왕이 '황금 손'을 갖기를 갈망했듯이 '오복'을 조르고 있구나.

하지만 그 다섯 가지 복을 모두 갖게 되었다 해도 삶의 중요한 문제가 해결된 것은 아님을 명심해라. 오복에서 말하는 것처럼, 오래 살고 좋은 치아를 갖게 되었다고 해도 좋은 치아를 어디에다 쓸 것인가 하는 문제가 생기게 된단다. 그 좋은 치아를 가지고 다른 사람과 싸울 때 상대를 물어뜯는 데 사용한다면 좋은 치아가 무슨 소용이 있겠니?

또 오래 사는 것이 복이라지만 식물인간 상태로 오래 산다면 어떻게 복이라고 할 수 있겠니? 결국 '오래 사는 것' 보다 '좋게 사는 게' 더 중요하다는 말이 나올 수밖에 없구나.

'좋은 삶'은 물론 오래 살고 부유하게 살고 귀하게 살고 건강하게 사는 것과 반드시 달라야 하는 것은 아니다. 둘은 공존할 수도 있지만 똑같은 것은 아니다. 부유하고도 '좋은 삶'을 살 수 있고, 조촐하며 가난하고도 '좋은 삶'을 살 수 있기 때문이지. 입엔 풀칠만 해도 마음은 부자가 될 수 있다. 또 귀(貴)해지는 것, 즉 권력을 잡고도 '좋은 삶'을 살 수 있지만, 귀해지지 않고도 '좋은 삶'을 살 수 있음을 명심해라.

어떻게 하면 백만장자가 되는지, 유능한 직장인이 되는지 혹은 세금을 절약할 수 있는지가 중요하지 않은 것은 아니다. 또 어떻게 하면 수능을 잘 보고 공부를 잘할 수 있는지, 또 원하는 대학에 갈 수 있는지에 대해서도 무관심할 수는 없지. 하지만 이것들은 삶의 중요한 관심사라고 할 수 있다고 해도 삶의 핵심적 이유, 바꿔 말해 존재가치라고는 할 수 없지 않겠니.

나는 네게 삶의 핵심적 이유가 아닌 문제에 대해서는 세세하게 말하지 않을 작정이다. 그보다는 어떻게 하면 '좋은 삶' 혹은 '가치 있는 삶'을 살 수 있는지를 말하고 싶구나. 그게 네 삶을 아름답게 꽃피우는 데 있어 근본적으로 중요하기 때문이란다.

모든 것에 우선하는 좋은 삶

사람들은 늘 바다로 떠나겠다는 꿈을 꾼다. 혹은 높은 산을 오르겠다고 결심을 하지. 가없이 넓고 크고 높고 풍요한 세계. 하지만 바다가 아닌 강을 가겠다고, 혹은 높은 산이 아닌 낮은 산을 오르겠다는 꿈을 꿀 수도 있는 것 아니니.

크고 높고 풍요한 세계에 대한 꿈을 접은 것은 아니지만, 일상 속에서 작음과 따뜻함을 찾겠다는 꿈을 간직할 수도 있을 것 같구나. 화려한 성공은 아니더라도 맑고 때묻지 않고 착한 사람으로 살아가겠다는 꿈 말이다.

물론 '좋은 삶'을 살려면 반드시 강으로 나가고 낮은 산을 올라야 한다는 것이 아니다. 즉 가난을 벗삼아야 한다든지, 지하셋방에 살아야 한다는 뜻이 아니다. 바다로 나가고 높은 산을 오르면서도 '좋은 삶'을 살 수 있단다. '좋은 삶'을 살면서 부자도 되고 귀하게 될 수 있고 또 남들이 부러워하는 사람도 될 수 있단다.

그러나 '좋은 삶'이란 이 모든 것, 오복이 가득한 삶보다 먼저 와야 한다는 걸 말하고 싶구나. 그것은 영어사전을 찾을 때 C보다는 B가, B보다는 A가 먼저 나오는 것과 같은 이치가 아니겠니.

성공을 이루는 삶의 모음과 자음

너에게 삶의 모음과 자음을 말하고 싶은 이유가 여기에 있다. 우리말에서 모음은 음악시간에 발성 연습할 때 해보는 ㅏㅔㅣㅗㅜ 등 10개가 아니냐? 자음은 ㄱㄴㄷㄹㅁㅂ 등 14개가 되는구나.

모음과 자음의 차이는 뭐겠니? 모음이란 성대의 진동을 받은 소리가 입술, 코, 목구멍 같은 장애요인의 마찰을 받지 않고 나오는 유성음이고, 자음은 입술 등의 발음기관에 의해 호흡이 제한되어 나오는 소리다. 따라서 모음은 홀로 소리를 낼 수 있지만, 자음은 홀로 설 수 없고 모음과 결합할 때 소리를 낼 수 있다는 것이 특징이지. 즉 ㄱㄴ이 아무리 혼자 돌아다녀도 변변한 소리와 글자를 이룰 수는 없는 거다.

'성공' 이라는 말을 만들고 싶어도 ㅅ과 ㅇ, ㄱ은 반드시 ㅓ와 ㅗ라는 모음을 만나야 하지 않니. 반듯하고 진솔하며 용기와 도전정신을 갖는 것, 강인하고 겸손하며 절제의 정신을 갖는 것, 또 용서와 관용의 정신을 갖는 것, 이것들이야말로 네 삶의 모음이다.

이에 비하면 부자되는 것, 재테크를 하여 젊은 날에 돈을 왕창 벌어 일찍 은퇴하는 것, 승진과 출세를 거듭하며 백마 탄 왕자나 아름다운 공주를 만나는 것, 이것들은 삶의 자음이다. 그렇다면 부자가 되고 성공하려면 반드시 삶의 모음을 만나야 하지 않겠니.

자음이 그 뜻을 이루려면 모음을 만나야 하는 것처럼, 성공을 꿈꾼다면, 반드시 맑고 때묻지 않은 '좋은 삶' 이라는 모음을 먼저 구하고 그와 연결시켜야 한다는 것을 잊어서는 안 된다.

CHAPTER 2

진솔하게 살아야 하는 이유

사람들은 자기의 올바른 이성과 양심을 닦기 위하여 애쓰는 것보다
몇 천 배나 더 재물을 얻고자 하는 일에 머리를 짠다.
그러나 우리 자신 속에 있는 물건이 소중할 뿐, 곁에 있는 물건은 소중하지 않다.
- 쇼펜하우어 -

너는 진실한 사람이 되고 싶니? 아니면 영악한 사람이 되고 싶니? 진실한 사람은 때로는 '요령이 없고 꽉 막힌 사람'이라는 냉소적 평가를 받기도 하지. 이에 비하면 영악한 사람은 순발력 있고 임기응변도 좋아 삶의 파고(波高)를 잘 헤쳐나가는 것 같이 보이는구나. 하지만 과연 그럴까?

뉴코움의 문제

17세기에 뉴코움이라는 물리학자는 다음과 같은 매우 흥미로운 문제를 생각해냈다. 사람의 마음을 꿰뚫어보는 예견자와 선택의 상황에 직면한 남자들에 관한 이야기지.

아주 놀라운 예측력을 가지고 있는 예견자가 어떤 두 남자에게 빨간 상자와 파란 상자를 보여주었다. 빨간 상자 뚜껑은 열려져 있는데 거기에는 천 원이 들어 있고 파란 상자 뚜껑도 열려져 있었는데 그 상자는 비어 있었다. 예견자는 두 남자에게 방을 나갔다가 5분 후에 들어오라고 지시한다. 그리고 5분 후에 들어와서는 파란 상자 하나만을 선택할 것인지, 혹은 빨간 상자와 파란 상자 두 개를 모두 선택할 것인지를 결정해야 할 것이라고 말한다.

또 예견자는 이렇게 덧붙인다. "당신들이 나가 있을 동안 나는 당신이 파란 상자 하나만 선택할 것으로 예측했다면 파란 상자 안에 백만 원을 넣고, 만일 빨간 상자와 파란 상자 두 개를 다 선택할 것으로 예측하면 파란 상자를 비워놓을 것"이라고…….

그 후 지시대로 두 남자는 방을 나갔다가 5분 후에 돌아왔지. 빨간 상자 안에는 천 원이 들어 있는 것이 보이는구나. 그러나 파란 상자의 뚜껑은 닫혀 있어 그 안의 내용물을 알 수 없다. 그런데 선택을 하기 전에 예견자로부터 이런 말을 듣게 된다.

"빨간 상자, 파란 상자 두개를 선택한 사람은 모두 다 천 원을 벌었고 파란 상자 하나만 선택한 사람은 백만 원을 벌었다. 그렇다면 당신은 어떤 상자를 선택할 것인가?"

네가 이런 상황에 직면했다면 어떤 선택을 할래? 솔직히 말한다면 두 상자를 선택하는 것이 현명한 선택이 아닐까? 선택이 잘못되어도 천 원은 받을 수 있고 또 잘되면 백만 천 원을 받을 수 있으니까 말이다.

물론 예견자가 예측을 잘한다고 했지만, 만에 하나 실수할 수도 있지 않을까? 그래서 파란 상자 하나만 선택했다가 '꽝'이 나오면 그보다 더 큰 불상사는 없을 거야. 그리고 사실상 네가 선택하기 이전에 예견자는 이미 파란 상자 안의 내용물을 결정하지 않았겠니. 그러니까 네가 두 상자를 선택한다는 것은 안전하기도 하고 잘하면 큰돈도 벌 수 있고 해서 현명한 선택일 거야.

하지만 뉴코움의 이야기는 계속된다. 두 남자는 이 선택의 문제에 직면했는데 우직한 남자는 파란 상자 하나만을 선택했고 영악한 남자는 빨간 상자, 파란 상자 모두를 선택했지. 그런데 우직한 남자는 백만 원을 탔고 영악한 남자는 천 원만 타는 결과가 나왔구나. 이때 영악한 남자가 우직한 남자에게 말했지.

"이 바보야, 네가 빨간 상자, 파란 상자 두 개를 선택했더라면 백만 천 원을 벌 수 있지 않았겠니?"

그 조롱에 우직한 남자의 대답은 "네가 그렇게 똑똑하면 왜 천 원밖에 벌지 못했냐?"는 것이었다.

칼뱅주의자들의 고뇌

뉴코움의 문제를 반추하기 위해 칼뱅주의자들의 이야기를 들어보자. 17세기 칼뱅주의자들은 칼뱅 특유의 '예정론'에 사로잡혀 있었지. 원래 칼뱅의 주장에 의하면, 신은 전지전능한 존재이기 때문에 인간이 태어날 때부터 그 인간이 죽은 다음에 천당과 지옥 가운데 어느 곳으로 가게 될지 미리 알고 있다는 것이었지. 즉 인간 사후의 운명은 신에 의해 태어날 때부터 미리 예정되어 있는 셈이다.

따라서 '신의 영광을 위하여(sola gloria Dei)' 태어나는 사람이 있는가 하면, '신의 실패를 위하여(sola fiasco Dei)' 태어나는 사람도 있지. 이 경우, 인간 개인의 입장에서는 생전에 착한 생활을 영위하는 것이 현명할까, 아니면 악한 생활로 마음 내키는 대로 사는 게 현명할까? 이 문제는 칼뱅주의자 모두가 직면할 수밖에 없었던 실존적 문제였다.

칼뱅주의자로서 '내'가 영악스러운 삶의 철학을 원용하는 경우, 타락한 삶을 선택하는 편이 합리적이다. 만일 '내'가 사후에 천국으로 가는 게 예정되어 있다면, '내'가 이 지상에서 악한 생활을 한다 해도 천국행을 보장받았기 때문에 아무 걱정이 없겠지.

또 한편으로 만일 '내'가 지옥행이 예정되어 있다면, 경건한 삶을 살고자 최선을 다해도 결국 지옥으로 갈 수밖에 없기 때문에, 이 세상에서나마 쾌락을 누리는 편이 더 낫다는 계산이 나오는구나.

너라면 어떻게 하겠니? 보다 엄밀한 의미에서 인간인 '너'의 입장에서는 전지전능한 신의 계획을 인지할 수 있는 능력을 지니고 있다고 단언하기 어렵겠지. 신이 '너' 자신에 대하여 천당과 지옥 가운데 어느 쪽으로 예정을 했는지 어떻게 알 수 있겠니? 그것은 불가능한 일이지.

그러나 그렇다고 하더라도, 신의 계획을 다소나마 짐작할 수 있는 간접적인 단초가 불가능한 것은 아니다. 너 자신의 행위에 따라 추정하는 방안이 가능할 수도 있기 때문이지. 따라서 나 자신이 이 세상에서 착하게 살면 천국행이 예정되어 있을 가능성이 농후하고, 반대로 이 세상에서 악하게 산다면 지옥행이 예정되어 있을 가능성이 높다고 할 수 있지 않을까?

물론 네가 경건한 삶을 산다고 해서 천국을 약속받았다는 확실한 '인과관계(causality)'는 성립하기 어렵지만, 그 '개연성

(likelihood)'은 충분하다고 생각된다. 즉 "지성이면 감천"이라는 말이 바로 이러한 사실을 암암리에 시사하는 셈이 아닐까?

진실한 나무꾼

'뉴코움의 문제'와 '칼뱅주의자의 문제'는 우리에게 친숙한 '정직한 나무꾼의 이야기' 속에도 녹아 있다.

정직한 나무꾼이 쇠도끼를 가지고 산에 나무하러 갔지. 나무를 찍다가 그만 그 쇠도끼를 연못에 빠뜨렸다. 당황해서 어쩔 줄 몰라 울고 있는 나무꾼에게 산신령이 나타나 "왜 우느냐?"고 묻자 도끼를 잃어버린 사연을 말했지.

얼마 후 산신령은 금도끼를 들고 나타나서 "네 도끼냐" 하고 물었지. 우직한 나무꾼은 아니라고 했고 이어 다시 나타난 산신령은 은도끼를 들고 물었지. 정직한 나무꾼은 이것 역시 아니라고 했고 드디어 산신령은 쇠도끼를 들고 나타나 "이것이 네 것이냐"라고 묻자 나무꾼은 그것이 그것이 자신의 것이라고 대답했지. 산신령은 나무꾼의 정직함을 칭찬하면서 금도끼, 은도끼, 쇠도끼 모두를 주지 않았겠니.

너는 이 문제를 어떻게 생각하니? 네가 나무꾼이었다면, 뉴코움의 문제에서 나오는 영악한 사람처럼, 혹은 타락한 삶을 살려는 칼뱅주의자처럼, 처음에 금도끼를 들고 나타난 산신령에게 '내 것'이라고 주장하는 편이 현명하지 않았을까? 잘하면 산신령을 속일 수도 있을 것이고 그렇게 되면 금도끼가 완벽하게 네 것이 되잖니. 행여 속아넘어가지 않는다고 해도 밑질 것은 없지. 그래서 '밑져야 본전'이라는 심정으로 '내 것'이라고 우길 수도 있지 않겠니.

물론 우직한 나무꾼은 정직하게 대답했다. 그리고는 진실의 보상으로 너무나 큰 보상인 금도끼, 은도끼, 쇠도끼 모두를 선물받았다.

그렇지만 의문이 생기는구나. 과연 진실한 나무꾼은 정직했기 때문에 금, 은, 쇠도끼를 다 받은 것일까? 곰곰이 따져보면 우직한 나무꾼이 금, 은, 쇠도끼를 받은 것은 그 정직함 때문이 아니라 산신령의 선의의 결과라고 보아야 할 것 같구나.

이렇듯 나무꾼의 정직함만으로 큰 보상을 받게 되었다고 말하기는 힘들지만, 그의 우직한 정직함이 산신령의 마음을 움직였을 가능성까지는 배제할 수는 없을 거야. 즉 나무꾼의 정직함과 선물로 받은 도끼들 사이에 원인과 결과라는 고리가 성립하는 것은 아니지만, 정직함이 그 고리의 개연성, 상관관계를 높인 것만은 틀림없는 일이지 않겠니.

반대로 이 소식을 전해들은 영악한 나무꾼의 이야기도 전해 내려오고 있단다. 영악한 나무꾼은 이 우직한 나무꾼의 횡재 이야기를 듣고 욕심이 생겨 쇠도끼를 가지고 나무를 하러 갔다. 그는 물론 딴 마음이 있었기 때문에 나무를 찍는 척하다가 도끼를 연못에 빠뜨렸다.

얼마 후 산신령이 금도끼를 들고 나타나 "이것이 네 도끼냐" 하고 물었을 때 자신의 도끼라고 대답했고 그 순간 산신령은 노하여 그냥 사라져버렸다. 금도끼를 얻기는커녕 결국 자신의 멀쩡한 쇠도끼마저 잃고…… 참담한 신세가 되었지.

영악하게 살기, 진실하게 살기

너는 삶을 어떻게 살고 싶니? 물론 요즘엔 나무꾼이라는 직업은 없어졌지만, 삶에 임하는 태도를 묻고 있는 것이다. 진실한 나무꾼처럼 살래, 혹은 영악한 나무꾼처럼 살래? 아니면 뉴코움의 문제에서 두 상자를 선택하는 사람이 될래, 혹은 한 상자를 선택하는 사람이 될래? 혹은 방탕한 칼뱅주의자처럼 살래, 아니면 진실한 칼뱅주의자처럼 살래?

이 선택들은 바로 너의 몫이지. 그것은 또 네 삶의 방식이자 선택이기도 하고……. 삶이란 불확실한 것이란다. 네가 정직하고 반듯하게 산다고 해서, 흥부 말년의 삶처럼 너의 삶이 성공의 삶과 부귀의 삶이 되리라고 아무도 보장해 줄 수는 없구나.

그것은 파란 상자만을 선택한 사람이 '꽝'의 확률을 갖고 있고 또 진실한 나무꾼이 자신의 쇠도끼조차 잃을 수 있는 가능성을 가지고 있는 것과 마찬가지다. 또 경건한 삶을 살아온 칼뱅주의자가 지옥행으로 예정되어 있을 가능성을 배제할 수 없는 것도 마찬가지지.

거듭 강조하지만, 맑고 착한 삶과 성공·출세 사이에 확실한 인과관계는 발견할 수 없단다. 진실하게 살면 부유하게 되고 귀하게 된다고 확실하게 단언할 수 있는 사람은 아무도 없다. 하지만 잊지 말아라. 네가 반듯한 좋은 삶, 정직한 삶, 용기 있는 삶, 또 용서하는 삶을 살면 부함과 귀함, 성공이 더불어 올 확률이 높아진다고 말할 수 있다는 것을.

　나는 네가 이 세상의 삶을 영악하게 살기보다 진솔하게 살기를 원한단다. 진실되고 반듯한 삶이 성공과 출세를 보장할 수는 없지만, 성공할 수 있는 확률을 높인다는 것을 확신하기 때문이다.

CHAPTER 3

어른이 될 준비는 되었니

> 훌륭한 인간이 되기 위해서는 나이를 먹는 것이 필요하다.
> 나는 실수를 범하려 할 때마다 그것이 전에 범했던 실수란 것을 깨닫게 된다.
> - 괴테 -

어른이 되고 싶다고 했지? 엄마한테 꾸중과 잔소리를 들을 때마다, 간섭을 받지 않는 특권을 가진 어른이 되기를 꿈꾸곤 했었지? 그래도 어린 시절은 달콤한 시절이 아니었을까?

혹시 어릴 때 기억나는 것 없니? 엄마와 나는 지금도 네 어린 시절을 그리워하면서 떠올리는 즐거운 추억거리 가운데 하나가 크리스마스가 다가왔을 때, 산타클로스 할아버지가 되어주는 일이었단다.

너는 거리에 크리스마스 캐롤이 울리기 훨씬 전부터 신바람이 나 산타클로스에게 부지런히 편지를 써서 책상 앞에 써 붙이곤 했지. 어렸을 적에는 기도만 하더니 글을 깨치고 나서는 카드나 편지로 소원을 말하더구나.

행여나 산타클로스 할아버지에게 비싼 전자오락기 같은 걸 청하는 눈치가 보이면 엄마와 나는 은근히 겁도 주고 걱정을 내보이기도 했단다. 산타클로스 할아버지는 고아원에도 가야 하고 불쌍한 친구들에게도 가야 하는데, 너무 비싼 것을 조르면 곤란하지 않을까 하고 걱정을 하면, 아닌 게 아니라 효과가 있어 너의 표정이 심각하게 달라지곤 했지. 그리고 이튿날쯤에는 영락없이 값이 싼 것으로 선물 목록이 바뀌어 있었다. 엄마와 나는 안도하는 마음으로 시장에 갔고, 이렇게 해마다 산타클로스의 선물이 마련되었단다.

손가락을 꼽으며 기다리던 성탄절 전야가 되면 너는 서둘러 저녁밥을 먹고 엄마가 잔소리할 겨를도 없이 잠자리에 들었지. 그리고는 아직 졸리지도 않은데 잠을 청하느라고 이리 뒤척, 저리 뒤척이다가 잠이 안 오면 산타클로스에게 보내는 성탄 축하카드가 트리 아래 잘 세워져 있는지 몇 번이고 확인을 하곤 했지.

그 때 엄마와 나는 그런 네 모습을 보면서 더없이 행복했다. 우리 부모들에겐 잃어버린 동심의 세계가 아직 너한테는 있다는 사실이 더없이 신기하기만 했다.

이윽고 네가 잠든 걸 몇 번씩 확인하곤 엄마와 나는 살금살금 걸어가서 숨겨놓았던 선물을 크리스마스 트리 밑에 놓곤 했다. 그리고는 성탄절 아침에 깨서 우리 모두 즐겁게 놀랐지. 물론 엄마와 나는 놀라는 체했지만, 너는 정말로 놀랐다는 얼굴이었지.

산타클로스 할아버지가 밤에 놓고 간 선물은 경이로움 그 자체였다. 엄마와 나는 그 선물을 보고 기뻐서 어쩔 줄 모르는 너의 모습에 즐거워했지만, 산타클로스 할아버지가 선물을 주었다고 믿는 너의 티 없는 동심에 더욱 흐뭇했다.

산타클로스의 비밀이 깨지다

그러던 어느 날 네가 학교에서 돌아온 후 엄마 곁에 다가와 심각한 표정으로 산타클로스 할아버지의 비밀을 말해 달라고 하지 않았겠니. 나도 집에 있다가 진실을 알고 싶어하는 너의 표정을 보고 바로 지금이 사실을 말해 주어야 할 때임을 직감하게 되었다. 아마도 학교에서 네 또래들 사이에 산타클로스가 진짜인지 가짜인지에 대한 논의가 분분했었던 모양이지.

이제 너조차 산타클로스가 진짜인지에 대해 의심을 갖는 눈치가 완연해졌더구나. 엄마와 나는 더 이상 산타클로스 할아버지에 대한 비밀을 감출 수 없었지.

그후 우리 집의 크리스마스는 변했다. 산타클로스가 선물을 가져오는 것이 아니라 가족끼리 선물을 교환하는 자리가 되었던 거지. 이제는 너도 선물을 받기만 하는 것이 아니라 다른 사람에게 선물을 주어야 한다는 걸 깨닫게 되었고 말이다. 그래서 네 작은 저금통을 털어 엄마 아빠에게 줄 선물도 준비하게 되었지.

너한테 처음으로 크리스마스 선물을 받았던 기억이 지금도 생생하구나. 그렇다. 엄마와 내가 너한테 크리스마스 선물을 받게 된 것, 뿐만 아니라 너 스스로 산타클로스가 되어야 한다는 것을 알게 된 것, 이 얼마나 대견스러운 일이냐! 하지만 마음 한켠엔 산타클로스 할아버지의 신화가 깨진 것이 서운한 마음도 없지 않았다.

어른이 된다는 것은 바로 그런 것이 아니겠니. 산타클로스 할아버지가 실존한다는 아늑한 믿음이 이렇게 순식간에 깨질 줄 누가 알기나 했겠니. 산타클로스가 실제로는 존재하지 않는다는 것을 알았을 때 얼마나 너는 당황했겠니. 혹시 청천벽력과 같은 것은 아니었니? 그것은 엄마와 나도 마찬가지였다.

어떤 의미에서 어른이 된다는 것은 어린 시절의 아늑한 꿈과 부모의 따뜻한 품을 떠나야 한다는 서글픔이 배어 있는 것이다. 또 동화의 세계, 소꿉놀이의 시절이 끝났음을 알리는 것이기도 하지. 그리고 누군가에게 받는 것만이 아니라 주어야 한다는 것을 깨달을 때 그것이 바로 어른이 되기 시작하는 증거란다. 뿐만 아니라 네가 산타클로스의 돌봄을 받는 것이 아니라 네 자신이 홀로 서야 할 때가 왔음을 알게 되면 이미 어른의 길로 들어선 거란다.

해마다 한 번씩 꿈을 심어주고 추억을 만들어주던 산타클로스 할아버지는 영원히 사라졌지만, 네 스스로가 이제 산타클로스 할아버지가 되었다는 것에 대한 느낌은 어떤지 말해 줄 수 있겠니? 산타클로스의 꿈이 깨진 것은 못내 서운했지만, 비로소 의젓하게 변해 가는 네 모습을 우리는 확인할 수 있었단다.

냉혹한 현실, 입시와의 전쟁

학교도 마치고 학원도 마치면 항상 밤 12시. 정말 너무 고생한다. 왜 너뿐이겠니? 우리 사회에 살고 있는 모든 중·고등학교 학생들의 생활이 그런 것을. 정말로 세상이, 우리 사회가 너희들에게 너무도 가혹하구나.

이 가혹한 '입시와의 전쟁'을 어떻게 보아야 하겠니. 많은 어른들이 입시와의 전쟁을 완화시키려고 지혜도 짜내고, 또 기발한 방안을 강구해 보았지만 역부족이다. 새로운 제도를 도입해도 경쟁이 완화되기는커녕, 오히려 점점 더 어려워지는구나. 그러니 중·

고등학교 생활은 육체적·정신적 고행의 생활이 되고 말았다.

　이 힘들고 고단한 중·고등학교 생활을 네가 거쳐가야 하는 우리 사회의 성인 의식이라고 생각하면 어떻겠니? 귄터 그라스의 소설『양철북』에서는 비정하고 불합리한 기성세대에 반발하여 어른이 되기를 거부하고 성장을 멈춰 버린 소년이 주인공으로 등장한다. 그러나 어른이 된다는 것은 현실에 능동적으로 대처하는 당당한 한 사람의 온전한 인간이 되는 것으로, 거부할래야 거부할 수 없는 소명임을 기억해라.

　어른이 된다는 것이 어디 그리 수월한 일이겠니? 그것은 마치 알을 깨고 나오는 병아리의 아픔과 비교될 수 있는 것이다. 알을 깨고 나오는 아픔 없이 어떻게 세상을 보고 닭이 되겠다는 생각을 할 수 있겠니? 너도 그런 가혹한 시련의 과정을 1년 아니면 3년 혹은 그 이상의 기간을 견디어 온 것이다.

　물론 우리나라에서 공식적인 '성년의 날'은 있다. 5월 셋째 월요일이다. 그날 성년이 된 사람에게 꽃을 주는 것이 하나의 풍습이지. 하지만 그날 하루의 성인식으로 충분할까? 그렇지 않다. 성인이 되려면 보다 의미 있는 고행과 숱한 시험을 통과해야 할 거야.

10대, 값진 고뇌와 수양의 시간들

　너의 중·고등학교 과정은 아프리카 어느 부족의 소년들이 정글 속에서 겪는 성인식과 비교될 수 있다. 그들은 성인이 된다는 것의 의미와 책임을 통감하기 위하여 가혹한 통과의식을 치르지.

어떤 경우에는 소년들이 살던 곳을 떠나 한동안 외딴 곳에서 지낸다. 얼굴이나 몸에 상처를 내어 특별한 표식을 하기도 하고 때로는 목숨을 걸고 시험을 극복해야 한다. 발가벗고 소잔등에 뛰어오른다거나 몸에 숯불을 대어 흉터를 만들기도 한다. 시험을 통과한 소년은 새로운 이름을 받는 등 어른으로 인정받게 되지만, 통과하지 못한 경우 평생 웃음거리가 되기도 하지.

어려운 중·고등학교 생활을 성인 의식으로 보면 좋겠구나. 중·고등학교 생활의 의미가 단지 수능시험을 잘 치르고 좋은 대학에 지원하기 위한 점수 따기에만 있겠느냐? 공부하는 과정에서 감내할 수밖에 없는 자기 절제, 인내, 강인함, 갈등, 세상 모순에 대한 인식들은 어느 사이에 너의 내면세계를 깊게, 그리고 넓게 만들 것이다. 그 과정을 거치면 내면세계가 부쩍 깊어지고 넓어져 비로소 어른으로 성장할 수 있겠구나.

너의 중·고등학교 생활은 아프리카 부족의 소년들이 정글 속에서 겪는 성인식보다 더 가혹하면서도 정교한, 성인이 되기 위한 종합 이벤트다. 그건 살아가면서 겪게 되는 장애물을 뛰어넘는 것을 미리 연습하는 시험장이기도 하지.

중·고등학교 시절 네가 겪는 고뇌와 오랜 시간의 수양, 쌓아올린 지식이야말로 최종적인 결과와 관계 없이 매우 가치 있는 것이었음을 잊지 말았으면 한다. '수능점수가 잘 나올까, 원하는 대학에 갈 수 있을까' 하는 결과에만 너무 집착하지 말아라. 점수나 내신성적으로 나타나지 않는 너의 내적 성장 또한 너무나 소중하구나.

또 성인 의식 기간이 긴 만큼 공부에만 열중하지 말고 호흡도 가다듬고 머리를 쉬는 법도 터득해야 한다. 너 자신이 '머리의 인간'일 뿐 아니라 '가슴의 인간', '근육의 인간'임을 확인하기 위해 스스로를 되돌아볼 필요도 있기 때문이야. 때때로 교과서나 수험준비 이외의 책도 보고 영화도 보며 새벽이나 저녁 시간 도로 위를 뛰는 달리기로 유약해진 몸을 단단하게 만들어 보렴.

물론 성인 의식이 끝났다고 단번에 성인이 되는 것은 아니다. 온전한 성인이 되기 위해서는 보다 험난한 길을 가야 할지도 모른다. 그러나 일단 네가 성인이 되기 위한 정글을 무사히 통과했다면, 그것만으로도 자랑스러운 성취라고 말해 주고 싶구나.

삶의 이유로서 금해진 것과 허용된 것

너는 이제까지 살아온 날보다 더 많은 날을 살아가겠지? 너는 이제까지 무엇으로 살아왔고 이제 앞으로 무엇으로 살아갈 거니? 이 말은 어른이 되어 가는 과정에서 금과옥조로 삼게 될 네 삶의 철학을 묻는 것이고, 또 앞으로 너의 삶을 인도할 삶의 지표를 묻는 것이다.

아마도 이제까지 네가 살아온 삶의 지표와 삶의 이유를 말하기란 매우 쉬울 것이다. 어려서부터 너는 "무엇 무엇을 하지 말아라"는 식의 명령을 식상할 정도로 많이 들었지. 초·중·고등학교에 들어가서는 더 말할 나위가 없었을 것이다. "떠들지 말아라", "귀

밑 3센티미터 이상 머리를 기르지 말아라", "손톱에 매니큐어를 칠하지 말아라", "밤늦게까지 돌아다니지 말아라" 등등…… 이 모든 것들이 금지사항이었구나.

너 자신도 "하지 말라"는 금지사항이 하도 많아 질렸을 것이다. 금기나 금지사항이 부담이 되는 것은 사실이지. 또 금기 자체가 유혹이 되기도 하지. '금단(禁斷)의 열매'는 더욱 달지 않니? 하지만 금기사항이 도움도 많이 된다는 걸 잊지 말아라. 네가 학교나 집에서 하지 말라고 한 금기사항을 비교적 잘 지켰기 때문에, 그래도 네가 원하는 삶을 살아가고 있는 것 아니겠니?

하지만 금기사항만 가지고 인생을 아름답게 살 수 있는 것은 아니다. 금기사항은 "어느 어느 선을 넘지 말라"는 최후의 마지노선을 지시해 주는 것에 불과하므로 그 선 안에서 네가 아름다운 삶을 살든지, 혹은 아름답지 못한 삶을 살든지 그건 네 자유다.

그렇다면 어떻게 생각해야 할까? 금지되지 않은 것에 대해서는 모든 것이 허용된다는 것이 아니겠니? 네가 알고 있는 것처럼 우리 한국 사회에서 모든 것이 허용된다는 걸 체감할 수 있는 기회는 고등학교를 졸업할 때다. 밀가루도 뿌리고 또 고성방가도 해보고 또 그동안 공식적으로 금지되었던 술에 취해 보기도 하고……. 네가 고등학교를 졸업한 순간 술을 마시든, 담배를 피우든 누가 말리겠니? 네가 성년이 된 이상, 너에게는 거의 모든 것이 허용된 셈이지. 담배도 필 수 있고 호프집도 갈 수 있고…….

하지만 네가 정말로 인생의 실크로드를 원한다면, 허용된 것만으로 삶의 이유를 삼지 말았으면 한다. 허용되었다는 것을 기준으로 삼고 행동을 선택한다면, 네 삶을 소중한 것으로 가꾸기가 쉽지 않기 때문이지.

술을 마시는 것이 허용되긴 하지만 그렇다고 해서 '술꾼'이 되는 것은 곤란하다. 담배를 피는 것이 무방하다고 해도 '골초'가 되는 것은 바람직하지 않다.

그렇다면 무엇이 네 삶에서 북극성이 되어야 하겠니? 금기도 아니고 허용된 것도 아니라면 의무가 아닐까. 의무를 삶의 지침으로 삼는 것은 일면 타당하다.

아니해서는 안 되는 것, 의무

의무란 '아니해서는 안 되는 일'이다. 아니해서는 안 되는 일이란 과연 무엇이겠니? 여기서 본분이나 직분을 떠올릴 수 있겠구나. 학생의 본분, 자녀의 본분, 군인의 본분에서 우리는 학생으로서 아니해서는 안 되는 일, 군인의 본분에서 군인으로서 아니해서는 안 되는 일을 떠올리게 된다. 학생으로서 아니해서는 안 되는 일이라면 '공부'고, 군인으로서 아니해서는 안 되는 일이라면 '나라를 지키는 일'일 터이다.

의무를 지킨다는 것은 결코 쉽지 않은 일이다. 늘 의무에서 일탈하고 싶은 유혹을 이겨내야 하고 또 그러기 위해서 의지력이 요구되기 때문이다. 너 또한 학교에서 화장실 청소당번이 되어 방과 후 청소를 해야 하는 일이 비록 의무이긴 하지만, 얼마나 힘든 일인지 경험해 보지 않았니? 그러므로 너의 생활에서 의무를 지키는 것을 생활신조로 삼는다면, 너의 삶은 나름대로 의미를 가질 수 있을 것이다.

의무를 넘어서는 그 어떤 것, 초과의무

물론 의무를 다하는 모습만으로도 아름다운 것은 사실이다. 하지만 우리의 삶이 의무를 지키는 것만으로 감동적인 삶이 된다고는 할 수 없단다.

네가 정말로 아름답고 감동적인 삶을 살고 싶다면, 의무의 범주를 넘어선 어떤 초인적 행동과 태도에 주목해 보렴. 우리가 감동적인 삶을 산다고 칭송의 대상이 되는 사람은 의무 이상의 어떤 행위를 하는 사람인지 한 번 생각해 보아라.

건물에 불이 났을 때 소방관이 최선을 다해서 불을 끄는 것은 그의 '의무'일 거야. 하지만 불이 붙어서 붕괴 직전의 건물 안에 들어가서 아이를 구해내는 것까지 '의무'라고 할 수 있을까? 그것은 의무를 넘어서는 감동적인 행위이며 영웅적인 행위라고 보는 것이 타당할 것이다.

마찬가지로 길거리에서 무고한 부녀자의 지갑을 훔쳐가는 소매치기를 보았을 때 가던 길을 멈추고 그를 끝까지 추격해서 붙잡아 경찰에 넘기는 것을 '시민의 의무'라고는 할 수 없다. 의무 이상의 행위이기 때문이지.

우리는 삶을 살다보면 의무적인 것과 의무를 넘어가는 어떤 것 사이의 구분을 발견하게 된다. 그것을 '초과의무(supererogation)' 라고 부르면 어떻겠니?

초과의무의 현상은 우리에게 친숙하다. 성인과 영웅들의 행위는 초과의무의 대표적 예로 들 수 있다. 마더 테레사는 일생 동안 인도의 캘거타에서 많은 환자와 불쌍한 빈민들을 도와주는 일에 헌신했다. 그래서 돌아가신 후에도 '가난한 이들의 성녀'로 추앙받고 있지.

알렉산더 대왕이 페르시아의 다리우스 2세와 싸우던 전쟁터에서 일어난 일이다. 왕과 군사들은 목이 너무나 말랐다. 그 때 물을 구한 병사가 투구에 물을 간신히 담아와서 알렉산더에게 그 물을 바쳤지. 이 때 다른 병사들이 너무나 부러운 듯이 그 물을 쳐다보고 있었다. 이 모습을 본 알렉산더는 투구의 물을 땅바닥에 쏟아부었다. '모두가 목말라하는데 나 혼자만 물을 마실 수는 없다'는 생각 때문이었지. 이에 감동한 마케도니아의 군사들은 단숨에 페르시아군을 쳐부수었다. 자신에게 물을 마실 권리가 분명히 있는데도, 그걸 취하지 않았기 때문에 알렉산더의 행위는 감동적인 것이 아니었을까?

초과의무란 말은 '착한 사마리아인'에 대한 성경 이야기에서 유래했다. 예리고에서 예루살렘으로 올라가는 길에 어떤 사람이 강도를 당해 쓰러져 있는데 다른 많은 사람들은 모른 척 지나쳐 간다. 그 때 사마리아인이 나서서 사경을 헤매는 사람을 업고 병원까지 찾아가 치료를 간청한다. 그리고는 의사에게 부탁한다.

"내가 떠나고 나서 이 환자를 더 치료해야 한다면 무엇이든지 (quodcumque superogaveris) 그 비용은 내가 부담하겠소."

의무는 아니지만 더 부담하겠다는 것, 그게 초과의무다. 물론 '착한 사마리아인'의 이야기에서 무엇이 의무이고 무엇이 의무를 넘어서는 행동인지에 관해서 명쾌한 구분이 있는 것은 아니다. 즉 사마리아인이 강도를 만난 사람을 병원에까지 데리고 간 것까지가 의무라고 주장하는 사람도 있고, 의무 이상의 어떤 것이라고 주장하는 사람도 있기 때문이지. 하지만 치료비까지 부담하는 것은 누가 보더라도 의무 이상의 감동적이고 자비로운 행동이 아닐 수 없다.

금지사항을 지키고 의무를 이행하는 것도 중요하지만, 때로는 의무를 넘어서는 어떤 가치들이 네 삶과 영혼을 이끌어갔으면 한다. 그럴 경우 너의 삶은 감동의 절정에 설 수 있을 것 같구나.

CHAPTER 4

젊음 그 자체가 가치 있는 것은 아니다

술에 취한 사람이 자기는 똑바로 가고 있다고 생각하는 것처럼,
젊은이는 자기를 영리하다고 생각하기 쉽다.
- 필립 체스터 필드 -

너는 이제 인생의 봄을 맞이하는구나. 물론 아직 본격적으로 청춘을 구가하고 있지는 않지만 청춘의 문턱에 들어선 것은 분명하다.

하지만 너는 젊음이 얼마나 좋은 것인지 생각해 본 적이 없고 또 젊음의 의미도 모를 것이다. 그것은 마치 물 좋고 공기 좋은 곳에 사는 사람이 정작 그 환경의 고마움을 느끼지 못하는 것과 비슷한 이치다.

누가 뭐래도 젊음이란 정말 소중한 것이다. 특히 나이의 무게를 느끼고 있는 나 같은 사람들에게 있어 젊음은 그 자체가 매력이고 탐나는 것이기도 하지.

물론 나이의 무게를 느끼는 사람들도 마음 속으로 젊음을 구가할 수 없는 건 아니다. 그러나 그렇다고 해서 나이의 무게를 무시할 수 있는 것은 아니구나.

나이의 무게를 이기고자 '보톡스' 주사로 주름살을 제거하고 레이저 박피술이나 스킨 케어 프로그램을 통해 청춘의 피부를 간직하려는 사람들의 눈물겨운 몸부림도 뉴스 보도에서 종종 듣게 되지 않니. 그럴 때마다 내게도 가끔 희끗희끗한 머리카락과 나이

테마냥 이마에 새겨진 주름살, 얼굴의 검은 반점이 더욱 눈에 거슬린다.

나이의 무게에 맞는 외양이 하도 젊음 예찬을 외치는 분위기 속에서 이제는 하나의 천형(天刑) 정도로 느껴진다. 마음이 젊다고 해서 번지점프를 할 수 있는 것도 아니고 래프팅을 할 수 있는 것도 아니고……. 그저 안전제일의 생활신조를 지켜나갈 뿐이다. 그래서 매사에 조심스럽고 두 번 생각하다 보니 굼뜰 수밖에 없구나.

파우스트가 탐낸 젊음

그러기에 자신의 젊음을 유지하기 위하여 자신의 영혼을 팔았던 파우스트의 이야기가 픽션이 아니라 논픽션일 수도 있다는 생각이 든다. 또 늙지 않는 불로초를 구하고자 안간힘을 썼던 진시황의 이야기도 이해가 가고 남음이 있지.

과연 이러한 반어법의 청춘 예찬을 너는 이해할 수 있겠니? 하지만 인생에 있어 중요한 것은 젊음이냐, 늙음이냐의 문제는 아니라는 생각이 드는구나. 이마에 주름살이 있느냐, 흰머리가 생겼느냐, 얼굴에 검은 반점이 생겼느냐 하는 것이 삶의 핵심은 아닐 게야.

보다 중요한 것은 어느 정도 성숙한 마음, 티 없는 태도, 따뜻한 손길을 가졌는가 하는 점이 아니겠니? 나이를 먹어가면서 치러야 할 나이의 무게는 마음 씀씀이와 너그러움에 있는 것은 아닐까? 그것이 아마도 '나이값' 일 터이다.

이런 점에서 보면 젊음은 그 가능성에 있어서 소중한 것이지, 어떤 성과나 실체를 보장하는 것은 아니다. 젊음의 특권은 야망을 가질 수 있고 미래의 꿈을 가질 수 있다는 점에 있다. 또 불확실하지만 무한한 가능성의 세계를 향하여 투신할 수 있고 모험을 할 수 있다는 점도 강점이구나.

젊을 때 이미 무엇을 이룬 사람이 있다면, 그는 아마 위대한 '천재'이거나 젊기도 전에 늙어버린 '애늙은이'와 같은 존재가 아닐까? 꿈을 꿀 수 있다는 것, 가능성을 향하여 끝없이 도전할 수 있다는 것, 그게 바로 젊음의 자산이다.

젊음의 박동이 세차게 뛴다는 것 그 자체로는 중요한 것이 아니다. 중요한 것은 그 젊음의 박동이 무엇을 향해서 세차게 뛰고 있는가 하는 것일 뿐.

곶감과 같은 젊음

젊음의 모든 것은 기대일지언정, 아직은 미완성이다. 모든 것에 도전해 보고, 모든 것을 시험해 보고, 모든 것에 모험을 걸 수 있는 것이 젊음이지만, 그 도전과 시험, 모험에서 어떤 뚜렷한 결과를 확인할 수 있는 것은 아니지. 그러니 초조와 불안도 젊음의 신드롬이라고 할 수 있다.

그렇다면 젊음이란, 젊음 그 자체만 빼면 별것 아닐 수도 있다. 그것은 아마도 다 익지 않은 풋사과와 비슷한 것이 아닐런지……..

젊음을 탐하고 젊음에 주눅드는 것은 젊음에 대해 너무 신비스러운 태도를 가지고 있어서 그런 것인지 모르겠구나. 그건 마치 호랑이가 곶감을 두려워하고 경외하는 것과 비슷하다고 할 수 있지 않겠니?

산에 살던 호랑이가 배가 고파 민가에 내려와 먹을 것을 찾으려다 어느 집 앞에 당도한다. 마침 집 안에는 아이가 울고 있고 어머니는 그 아이를 달래고 있었지. 하도 아이가 울고 보채니깐 어머니는 호랑이가 올 것이라고 위협했지만, 그래도 아이는 울음을 그치지 않았다.

호랑이는 긴장한다. '백수의 왕'인 자신의 이름을 듣고도 울음을 그치지 않는 이 아이의 정체가 궁금해진 것이다. 이윽고 엄마가 아이에게 곶감을 주겠다고 하니까 아이가 울음을 뚝 그쳤다. 결국 호랑이는 자신보다 더 무서운 곶감의 존재를 확인하고 전의를 잃고 도망치고 말았다.

젊음 예찬이란 결국 그런 것이 아닐까? 젊음이라는 말에 주눅드는 사람들도 사실은 젊음의 실체는 모르고 젊음이라는 말에 주술이 걸린 것은 아니겠니. 마치 호랑이가 곶감의 실체는 모르고 곶감이라는 말에 혼비백산한 것처럼……

할미꽃의 뒤안길

너, 할미꽃을 알지? 산과 들에서 피어나고 있는 꽃, 특히 무덤가에서 자주 볼 수 있다. 온몸에 긴 털이 빽빽이 나 있는 여러해살이 풀. '젊음의 꽃'을 마다하고 '할미꽃'임을 굳이 고집하는 꽃. 그 꽃은 이렇게 말하고 있는 것 같구나.

"젊은이들을 보면서 그들을 부러워할 어떤 이유라도 있을까? 혹은 흘러가버린 청춘을 그리워하며 향수에 젖을 어떤 이유라도 있을까? 무엇 때문에 내가 젊은이들을 부러워하겠는가? 젊은이가 가지고 있는 가능성, 젊은이에게 마련되어 있는 미래 때문일까? 가능성 대신에 나는 내 과거 속에 일궈낸 견고한 성취를 갖고 있지 않은가? 내겐 아쉬운 순간, 후회스런 기억들이 수없이 많지만 그동안 쌓아온 추억 또한 소중하구나. 내가 한 일과 사랑했던 사람의 실체뿐만 아니라 용감하게 견디어낸, 비바람치는 나날들의 실체까지도……. 그 시련과 성취는 비록 남들이 부러워할 만한 것은 아니더라도 나에겐 정말 자랑스러운 것이지."

젊음은 귀중한 것이지만 젊음, 그 자체만으로는 아무것도 아니라는 사실을 기억하고 젊음을 소중하게 가꾸어라. 젊음 그 자체가 무슨 요술을 부리거나 기적을 행할 수 있는 것은 아니다.

정작 무엇인가 할 수 있는 것은 젊음이 아니라 바로 젊음을 가지고 있는 너 자신임을 반드시 명심해라. 너에게는 자신을 키우는 '생명의 에너지'도 있지만, 자신을 망하게 하는 '파괴의 에너지'도 있다. 너 자신을 아름답게 만드는 요소도 있지만, 너 자신을 추하게 만드는 요소도 있단 말이다. 젊음이 너를 파괴하는 에너지를 분출하지 않고 너를 키우는 에너지를 발산하기를 바란다.

메멘토 모리!

너는 젊지. 젊다는 것은 생명력으로 꽉 차있다는 것이고, 또 눈코뜰새없이 바쁘다는 것이기도 하지. 또한 그것은 생명력이 소진해 가는 죽음과는 거리가 멀다는 뜻도 될 거야. 하지만 젊고 바쁘며 활기차게 살고 있는 너도 언젠가는 죽을 수도 있다는 걸 생각해 보았니?

너는 결혼식도 가보았고 성년식도 가보았고 또 생일 축하파티에도 가보았을 터이다. 그러나 죽음의 자리인 장례식에 가보았니? 죽음의 자리는 슬픔의 자리인 만큼 숙연해질 수밖에 없구나. 결혼식을 안 하는 사람도 있고 생일파티를 건너뛰는 사람도 있지만, 죽음을 피해 가는 사람은 없단다. 그러나 아직 너에게는 죽음이란 게 멀리 있는 것처럼 느껴지지 않니?

우리는 때때로 죽음은 이런 것이구나, 혹은 죽은 다음에 관에 들어가는 것은 이런 것이겠구나 하는 체험을 하기도 한다. 밤중에 잠이 들 때 죽음과 비슷한 모습이 아니겠니. 또 병원에서 MRI 촬영을 위하여 커다랗고 컴컴한 통 속에 들어갈 때 흡사 관 속에 들어가는 것 같은 느낌을 갖지 않았니? 사람들은 때때로 그런 체험을 해보기도 하지. 그런 면에서 우리는 일상 속에서도 가끔씩 죽음을 느끼고 경험하고 있는 셈이다.

하지만 그런 죽음의 조그마한 흔적조차 느끼지 못하는 것은 아무래도 네가 젊고 젊음의 에너지가 넘쳐흘러서일 거야. 젊음은 곧 바쁨이 아니겠니? 그러니 너는 하루에도 몇 번씩 "바쁘다, 바빠"라는 말을 외치고 싶어하는 거다.

　내게 절친한 친구가 있었는데, 그 친구는 정말로 바쁜 사람이었다. 사회적으로 중요한 일을 하고 있고 그런가 하면 각종 위원회에도 여러 군데 참여하고 있고, 또 주례도 수시로 섰지. 그러니 시간을 쪼개다못해 찢어서 쓰고 있는 사람이었지. 의미 있고 가치 있는 일에 바쁘게 헌신하던 사람…….

　그는 만나면 그간 연락을 못했던 게 계면쩍은 듯 대뜸 인사가 "바빠서" 혹은 "시간이 없어서"라는 것이었고, 나도 그의 말이 핑계가 아니라 사실이었음을 인정할 수밖에 없었다. 그와의 약속도 그의 바쁜 스케줄 때문에 깨지는 경우가 허다했지.

　그런 그가 어느 날 큰병도 앓지 않았었는데, 갑자기 병에 걸리더니 세상을 떠났다. 너무나 졸지였고 당황스러웠지. 친구 아내의 비통해하는 모습이, 보기에 너무나 애처롭더구나. 주변의 모든 사람들도 그의 예고 없는 떠나감을 더없이 아쉬워했지.

　사람들은 정말로 궁금해했다. 그렇게 바쁘다고 하던 그가 그 모든 것을 뒤로 한 채 바쁘게 떠나가야 했던 사연이 과연 무엇이었나 하고……. 그렇게도 시간을 아끼며 매사에 열심이었던 이유가 급히 가야 할 곳이 정해져 있었기 때문이었을까.

　이곳에서 필요한 사람은 저 하늘나라에서도 꼭 필요한 사람인지도 모르지. 묘지로 향하는 영구차를 응시하며 새삼 "사람의 목숨이 아침이슬 같다"는 전도서(傳道書)의 말이 곱씹어지더구나. 해가 솟으면 이슬은 사라져버리는 것이 아니겠니.

　나는 버릇처럼 "시간이 없어서"라는 말을 중얼거리며 바쁘게 떠나는 친구의 마지막 발소리를 들을 뿐이었지. 그는 정말 바쁘게 살더니 떠날 때도 바쁘게 가더구나. 뒤도 돌아보지 않은 채…….

일상 속에 써보는 유서 한 통

바쁘게 사는 것이 젊음의 특권임은 두말할 나위가 없구나. 그래도 바쁘게 사는 중에 한두 번쯤은 세상을 떠날 때를 생각해 볼 시기를 가져야 하지 않겠니? 일에 파묻혀 살고, 노는 데 파묻혀 살고. 여름은 여름대로 바닷가에 가느라고 바쁘고, 봄은 봄대로 벚꽃맞이에 바쁘고, 가을은 단풍놀이에 바쁘고, 겨울은 겨울대로 스키 타는데 바쁘고……. 그러나 아무리 바쁘게 살더라도 언젠가 삶을 떠날 때가 있다는 사실을 받아들여야 하지 않겠니.

그렇다면 어떻게 이 세상을 떠날까 하는 마음을 가져볼 필요가 있겠구나. 나는 네가 유서를 한 번 써봤으면 하는 마음이지만 구태여 그걸 너에게 강요하고 싶은 마음은 없다. 하지만 할 수만 있다면 한 번 해보렴.

또 기회가 있으면 임시로 만든 관에 한 번 들어가 보는 체험을 했으면 하는 마음도 있다. 그 무시무시한 번지점프를 하고 또 해병대 훈련도 하고 PT체조와 공수훈련도 하는데, 죽음에 관한 훈련을 한다는 것이 특별히 이상한 것은 아니지 않겠니.

특히 죽음에 관한 훈련을 함으로써 내가 영원히 살지 않고 언젠가 이 세상을 떠날 때가 있음을 스스로에게 확인하는 계기도 있어야 한다고 생각되는구나.

　나는 네가 너무 바쁘게 살다가 이 세상을 떠날 때도 종종걸음으로 바쁘게 가기를 원하지 않는다. 바쁜 일상 가운데 한 번쯤은, 적어도 일 년에 한두 번쯤은 죽음에 대해서 생각하거라. 영원히 계속되는 젊음이란 없기 때문이지.

CHAPTER

5

네 삶에도 파비우스 전법을

자신을 믿는 자는 행동할 때 필요한 것들을 모두 수중에 갖고 있다.
중요한 문제거나 사소한 문제거나 어려운 일이거나 손쉬운 일이거나
혼자의 힘으로 얼마든지 해결할 수 있다.
- 발타자르 그라시안 -

삶에는 바꿀 수 있는 것과 바꿀 수 없는 것이 있다. 바꿀 수 없는 것, 그건 바로 숙명적인 것이지. 네 이름을 보아라. 네 이름은 너 자신뿐만 아니라 모든 사람들이 한평생 쓰는 것이다. 그리고 네가 죽는다고 하더라도 쉽게 잊혀지지 않는 것이다. 혹시 너의 업적에 따라 영원히 기록될 수도 있지. 위인이나 영웅처럼 말이다. 물론 반대로 악명을 떨칠 수도 있지.

하지만 흥미로운 것이 있다. 그렇게 네 자신에게 소중한 것이 이름이건만, 네 이름을 네 스스로 선택한 것이 아니라는 점이다. 네 이름은 네가 아닌, 엄마와 내가 지었지. 그러니 너에겐 주어진 것이 되었고 네가 이름을 바꿀 수는 없지.

물론 바꾸는 것이 전혀 불가능한 것은 아니지만 꽤나 힘이 든다. 호적에 기록된 이름을 다른 이름으로 바꾸거나 잘못 표기된 것을 바로잡으려 해도 재판을 거쳐야 하는 등, 여간 번거롭지 않구나. 네 성도 물론 바꿀 수 없다. 물론 사람들 중에 무엇이 잘못되면 "성을 갈겠다"라고 호언장담하는 사람도 없진 않지만, 실제로 성을 갈았다는 사람들을 본 적이 있니?

이름도, 성도 바꿀 수 없고 또 너의 성(性)도 바꿀 수 없구나. 성

전환 수술을 하면 가능하다고 말할 사람도 있겠지만, 말처럼 쉬운 일은 아니다. 또 네가 내 자식이라는 사실과 내가 네 아빠라는 사실, 이것은 불변의 사실이다. 이 모든 것은 주어진 것이고 너는 이걸 받아들일 수밖에 없구나.

삶을 가꾸는 사람

그렇지만 모든 것을 바꿀 수 없는 것은 아니다. 오히려 네가 만들고 바꿀 수 있는 것이 더 많지. 자신의 삶을 어떻게 가꾸고 만들어나갈까 궁리할 때 기억해야 할 것은 바로 이 점이다.

흔히 사람들은 환경은 주어지는 것이라고 말하곤 하지. 하지만 네가 만드는 환경도 무척 많구나. 환경은 단순히 너의 몸 가까이에 있는 물리적 주변만을 뜻하는 것은 아니기 때문이지.

환경이란 물질적인 것이라기보다는 오히려 정신적인 것이라고 할 수 있단다. 그것은 네가 읽은 책, 네가 보는 그림, 네가 사귀게 되는 사람들로 이루어지는 것이다. 너의 친구들, 너의 신앙 또한 마찬가지다. 네가 PC방에서 시간을 보내기로 했다면 PC방은 네가 선택한 환경이고 또 독서실에서 시간을 보내기로 했다면 네가 독서실이라는 환경을 선택한 거야. 이 모든 것들은 너에게 주어진 것이 아니라 네가 만드는 것이지.

삶을 만들고 가꾸어 나갈 수 있다면, 네가 삶을 어떻게 만들고 가꾸어 나갈지 궁금하구나. 그렇다면 네가 만들 수 있는 것 가운데 가장 중요한 것은 과연 무엇일까?

우선 너의 성격을 들 수 있지 않겠니? 너는 내성적일 수도 있고 또 외향적일 수도 있다. 또 너는 침착할 수도 있지만 성급할 수도 있다. 또 작은 일에도 벌컥 화를 잘 낼 수도 있고 혹은 화를 다스릴 수도 있구나. 이것은 네가 너의 성격을 어떻게 만드느냐에 따라 달라지는 것이다.

너는 네 이상도 만들 수 있고, 너의 생활습성도 만들 수 있을 거다. 너는 어떤 모습의 인간이 되기를 원하니? 너는 늦가을의 나무처럼 마지막 잎새가 떨어져도 이에 굴하지 않고 한 점 흔들림 없이 삶을 지탱해나가는 강인한 인간이 되기를 선택할 수도 있을 거야. 또 너는 부지런한 습관을 가진 사람이 될 수도 있는가 하면, 할 일을 내일로 미루고 또 모레로 미루는 게으른 습관의 소유자도 될 수 있다.

또 네 취미도 네가 만들어 가는 것이 아니겠니? 네가 음악 듣기를 좋아하면 너는 음악애호가가 되는 것이고 네가 책을 좋아하고 쓰기를 좋아하면 작가도 될 수 있지.

물론 네가 타고난 소질도 없지는 않다. 영화에서 본 '아마데우스'가 그렇지 않았겠니? 노력형의 살리에리를 기죽인 천재 모차르트. 그래서 살리에리는 모차르트를 너무나 질투하기에 이른다. 하지만 계발되지 않은, 타고난 소질이 특별한 의미를 가지기란 힘들다. 네가 정성껏 삶을 만들고 가꿀 수 있다면, 너는 네 삶의 이방인이 아니라 주인이 되는 것이 아니겠니.

피그말리온과 갈라테이아

너는 삶을 석공처럼 만들고 다듬을 수 있을 거야. 이제까지 수많은 석공들이 있었지만, 그 가운데 가장 탁월한 석공이라면 그리스 신화에 나오는 키프로스의 왕 피그말리온을 들 수 있다.

피그말리온은 당시 키프로스의 여자들이 마음에 들지 않아 '지상의 헤파이토스'라고 불릴 정도로 뛰어난 자신의 조각솜씨를 발휘하여 상아로 여인상을 만들었지. 실물 크기의 이 여인상은 정성스럽게 다듬고 또 다듬어 이 세상의 어떤 여자보다도 아름다웠다.

피그말리온은 이 여인상에 갈라테이아라는 이름을 붙였구나. 그는 돈을 벌기 위해 만든 것도 아니고 또 취미로 만든 것도 아니다. 오로지 자신의 이상상을 위해 혼신의 힘을 바쳐 만든 것이지. 그렇게 만들어놓고 보니깐 그 여인상이 너무나 멋있고 예뻐서 사랑하기 시작했지. 그래서 사랑의 여신인 아프로디테에게 이 조각상에 생명력을 불어넣어 달라고 빌었다.

아프로디테가 그의 간절한 소망에 따라 그 조각상에 생명을 불어넣자 곧 아름다운 여자가 되지 않았겠니. 결국 피그말리온은 인간이 된 갈라테이아와 결혼하기에 이르렀다. 그 결혼식은 조각상에 생명력을 불어넣어 준 아프로디테도 참석했을 만큼 성대했단다.

너는 너무 많은 것이 이미 정해졌다고 낙심을 할 필요도 없고 반대로 자만을 해서도 안 된다. 또 누군가 나타나 너를 이끌어줄 것이라고 막연하게나마 기대할 필요도 없다. 또 너에게 당연히 와야 할 기회라고 하는 것도 없는 거야.

정해진 것은 네 이름, 너의 혈액형, 또 너의 사상체질 그 정도이다. 나머지는 다 네가 지금 아니면 나중에 성장하면서 만들어가야 할 것들이다. 결국 너는 네 인생의 석공이 아니겠니? 네 조각상은 노력과 땀으로 다듬을 수밖에 없단다.

이왕 네 삶을 만들 바에야 멋지게 만들지 않을래? 그래서 너 자신도 피그말리온의 갈라테이아처럼 반할 정도로 멋있게 만들어 거기에다가 생명력을 불어넣어 달라고 청한다면, '또 하나의 너'가 탄생할 수 있지 않을까? 나는 네가 자신의 삶을 정성스럽게 다듬지 않고 시간을 보내다가 못 이룬 꿈을 항상 그리워하며 회한 속에 살기를 원하지 않는다.

나는 무엇 때문에 살아가고 있는가

너는 잠자기보다는 깨어 있어야 한다. 또 깨어서 멍하니 있지 말고 무엇인가를 골똘히 생각할 수 있어야 한다. 나는 무엇을 원하고 있는가. 나는 무엇 때문에 살아가고 있는가. 무엇을 가치 있는 것으로 생각하고 있는가. 인생에서 어떤 것을 진(眞), 선(善), 미(美)라고 보고 있는가. 나는 무엇을 희생해야 하는가. 어떤 결정을 내려야 하는가 등등.

너는 삶의 본질로부터 나오는 이러한 질문들을 너 자신에게 던질 수 있니? 이러한 질문들은 뜻밖에도 잔잔하고 평화롭던 마음에

풍파를 일으킬런지 모른다. 너 자신에게 아무런 이상이 없다는 것, 뚜렷한 목적이 없다는 것, 진선미에 대해서, 혹은 가치 있는 어떤 것에 대해서 치열하게 추구하지 않고 있다는 것을 폭로할 수도 있겠구나. 하지만 침착해라. 만일 그렇다면 이상이란 한순간이라도 빨리 발견하면 할수록 좋은 것이다.

네 삶에 이상과 목표가 없다면, 골문 없이 축구경기를 하려는 것과 무엇이 다르겠니? 골문이 어디 있는지 모른다면 공을 차는 너의 모든 노력도 허사가 되고 말 것이다. 어디로 향해 공을 찰 것인지를 모른다면, 공을 찬다는 사실 자체가 너무나 부조리하고 터무니없는 일이 될 것이다.

이상이 있을 때 비로소 어떻게 힘과 노력을 집중해야 하는지 알 수 있을 것이다. 또 그 이상이 가치 있는 것이면 가치 있는 것일수록 그 실현을 위해 혼신의 힘을 집중시킬 수 있다. 품위 있는 이상, 네 자존감(自尊感)을 만족시키는 목표, 그리고 타인에게도 도움이 되는 이상을 세울 필요가 있는 것도 바로 이 때문이지.

물론 너에게도 이상과 목적이 없다고는 말할 수 없을 거야. 하지만 문제는 그것이 정말로 '네 것' 인가 하는 것이다. 네가 세운 목표나 목적이 아니고 엄마가 네게 준 목표, 목적이라면 네 것은 아니다.

물론 부모는 가장 바람직하다고 생각되는 이상을 너에게 불어넣어 주려고 노력을 하고 있지. 혹은 엄마 없이는 네가 아무것도 할 수 없다며 어렸을 때 네게 젖을 먹여주고 우유를 주었듯이 가치와 이상도 넣어주려고 하는지도 모르지. 그러나 너에게 고유한 얼굴이 있고 또 그 얼굴이 엄마와 다를 수밖에 없는 것처럼, 네 이상은 엄마가 네게 원하는 것과는 다를 수밖에 없다.

　엄마가 너를 대신해서 바느질을 해줄 수 있고 또 그림도 그려줄 수는 있지만, 인생을 대신 살아줄 수는 없다. 어떤 사람도 너를 대신해서 웃어줄 수 없고 또 대신해서 울어줄 수도 없는 것처럼.

별과 같은 사람, 꽃과 같은 사람

　네가 실현하고자 하는 너의 이상은 무엇이니? 별과 같은 사람이 되는 것이니? 그래서 다른 사람이 외로워 너를 쳐다볼 때 눈 마주쳐주는 그런 사람이 되고 싶으니?

　그게 아니라면, 꽃과 같은 사람이 되고 싶으니? 다른 사람이 괴로워 쓸쓸히 밖으로 나설 때 화사하게 다가와서 눈물짓듯 웃어주는 들꽃과 같은 사람 말이다.

　그렇지 않으면 키 큰 나무가 되고 싶으니? 하늘을 날다가 지친 새들처럼 힘들어 하고 지친 사람들에게 보금자리를 제공하는 따뜻한 마음씨의 소유자 말이다.

　별이나 꽃, 혹은 나무와 같은 존재가 되고자 하는 이상을 가진 사람은 실현해야 할 이상을 못 가진 사람과는 다르다.

　조그마한 식당을 운영하는 식당주인이 "입에 풀칠하기 위해 할 수 없이 이 일을 한다"고 말한다면, 이상 없이 사는 초라한 사람이다. 그러나 "우리 집에 오는 손님에게 잊지 못할 식당으로 추억하게끔 감동을 주고 싶다"고 말하는 사람은 이상을 갖고 사는 풍요한 사람이지.

네가 이상을 가졌다면, 또 아름답고 품위 있는 이상을 가졌다면, 우정이든, 오락이든, 취미든, 그 이상에 도움이 되는 것을 추구해야 하지 않겠니? 아무것도 하지 않고 단지 앉아서 꿈과 이상만을 읊조리는 것만으로는 허망하구나. 별이 되고자 하는 이상, 꽃이 되고자 하는 바람은 행동으로 나타나야 하지 않겠니.

만일 지금까지 너의 행동이 네 이상과 부조화스러운 것이었다는 판단이 들거든 보다 조화되는 행동을 찾고 선택하도록 힘써야 한다. 이상을 세웠다면, 이상에 맞는 삶의 습성을 만들어라.

결심보다 더 중요한 건 실천

이상에 맞는 새로운 습성을 몸에 익히는 것은 결코 쉬운 일이 아니다. 하지만 일반적으로 생각하는 것처럼, 그렇게 어려운 일도 아니다.

일단 몸에 익히고 나면 자동장치처럼 움직이기 때문이지. 마치 엔진의 속도조절 바퀴와 비슷해서 엔진을 작동시키기 위해서는 알 정량의 힘이 필요하지만, 일단 작동이 되면 그 자신의 타성으로 계속 움직여 위험하고 힘든 지점도 무난히 통과해 나갈 수 있는 것과 같다. 만일 그렇지 못하다면 위험한 지점에 멈춰설 때마다 새로운 의지력으로 극복해야 한다.

삶의 좋은 습성이 몸에 익어 그 자체의 타성으로 계속 움직이게 되면, 꽃처럼 되고 싶고, 또 별과 같이 되고자 하는 네 이상과 목표는 어렵지 않게 달성될 수 있을 것 같구나. 욕심을 내자면, 부디 가치 있고 품위 있는 이상을 만들어 꽃보다 더 아름답고 별보다 더 반짝이는 존재가 되었으면 한다.

그리고 아무리 좋은 목표를 내걸고 실현하겠다는 이상을 세워도 단지 그것을 원하기만 해서는 안 된다. 이상에는 날개가 있어 어디론가 날아가 버리기 때문이지.

이상과 구체적인 결단은 서로 다른 것이다. 이상을 실현하고자 하는 구체적인 결단을 내릴 때 비로소 이상을 향해 나아갈 수 있는 팔다리가 생겨 일을 착수할 수 있는 법이지.

세상에 훌륭한 것이 있다든지, 위대한 사람이 있다든지 하는 말을 하면서 그런 것을 바라보고 감탄하는 것만으로는 부족하구나. 위대한 어머니의 이야기도 읽고 위대한 문필가의 글을 읽고 감동을 받는 것도 중요하지만, 거기서 한 발자국 더 나아가 너의 꿈을 직접 실현하도록 해라. 그저 감탄만 하고 있을 것이 아니라 너 자신이 그러한 존재가 되도록 결심을 하고, 그러한 존재가 되기 위한 구체적 행동에 착수해야 한다.

* 네 스스로 네 꿈의 실현 주체가 되기를 원하지 않는다면 소망 정도로 충분하지 않겠니? 소망만 가질 바에야 무엇 때문에 실천에 필요한 용기나 의지력이 필요하겠니? 또 결심을 하는 것이 중요한 것이 아니라 그 결심을 구현하는 데 실천이 따라야 하는 것, 그것이 진정 중요하다.

주체할 수 없는 자기 실현의 욕구

너는 「큰 바위 얼굴」 이야기를 알고 있지? 진솔하고 성실했던 한 남자는 마을 어귀에 있는 큰 바위를 보면서 큰 바위 얼굴의 전설을 떠올렸지. 언젠가 큰 바위 얼굴을 닮은 사람이 나타나서 그 마을을 멋지게 다스릴 것이라는 전설 말이다.

그 남자는 다른 동네 사람들과 마찬가지로 큰 바위 얼굴을 가진 사람이 나타나기를 기다렸지. 하지만 큰 바위 얼굴을 가진 사람은 나타나지 않았다. 아니, 몇 번 비슷한 사람이 나타났지만, 이내 실망만을 남기곤 했지.

오랜 세월이 흐른 다음 마을 사람들은 그가 큰 바위 얼굴임을 알아봤고 비로소 나중에 그 자신도 큰 바위 얼굴임을 깨달았구나. '큰 바위 얼굴'을 기다리다 스스로 '큰 바위 얼굴'이 되어버린 사나이. 어때 멋있지 않니?

하지만 멋진 다른 사람만 보고 감탄만 할 것이 아니라 너한테도 스스로 감탄받을 만한 사람이 되고자 하는 자기 실현에 관한 욕구가 있다는 것을 잊지 말아라.

물론 너 자신이 스스로 생각할 때는 불완전하고 의지력이 약하고 작심삼일의 나약한 성격이라고 고백하고 자책하겠지. 그러나 그렇다고 하더라도, 현실세계의 네가 아무리 불완전하다고 하더라도, 너에게는 네 자신을 완성하고자 하는 욕구가 있는 거야. 그것은 마치 조그마한 씨앗에서 큰 은행나무가 자라는 것처럼, 하나의 존재가 가지고 있는 피할 수 없는, 혹은 주체할 수 없는 본능과 같은 것이다.

그리스의 철학자인 아리스토텔레스는 이걸 갖고 '가능태(potentia)'에서 '현실태(actus)'로 나아가려는 움직임이라고 했더구나. 그래, 미미한 은행나무 씨앗에서 어떻게 크고 우람한 은행나무를 상상이나 할 수 있겠니? 하지만 그것이 사실이라면, 시작은 미천했으나 마지막은 화려하고 창대한 것이 아니겠니? 너야말로 그러한 자기 실현의 욕구로부터 도피할 수는 없다.

그렇다면 어떻게 그 자기 실현의 욕구를 충족시킬 수 있겠니? 여기에는 주의가 필요하구나. 처음에 지나치게 많은 것을 바라다가는 실패할 경우 낙담해서 포기할 가능성이 크기 때문이지.

네가 만일 컴퓨터 게임을 너무 좋아해서 다른 가치 있는 일에 지장을 받는다고 생각한다면, 앞으로 1달 동안 컴퓨터 게임을 하지 않겠다고 말하는 대신에 앞으로 30분간 컴퓨터 게임을 하지 않겠다고 말해 보렴. 즉 실천이 가능하다고 생각되는 과제를 너 자신에게 내준 다음, 그 약속을 지켜보도록 해라. 물론 결심 여하에 따라 1달 동안 컴퓨터 게임을 참을 수도 있을 것이다.

하루 1%씩의 성장, 네 삶에도 파비우스 전법을!

그러나 큰 결심을 세우고 그에 실패했다면, 실망한 나머지 자신감을 상실하여 자기 불신에 빠질 수밖에 없을 거야. 자기 실현을 하기 위한 노력은 조그만 것으로부터 시작하여 큰 것으로 조금씩 올라가며 자신감을 축적하는 편이 훨씬 더 현명하다.

그것은 마치 운동경기와 비슷하단다. 장거리 선수가 되고자 욕심을 내서 5킬로미터 거리를 힘들게 뛴 이튿날, 그 거리를 갑자기 두 배로 늘이면 너무 피곤해서 아마도 훌륭한 선수가 되려는 희망을 금방 포기해 버릴 수도 있지 않겠니.

운동경기를 하는 사람들은 서서히 몸의 상태를 조절한다. 육체가 아닌 정신의 운동경기에서도 똑같은 상식이 통용된다고 믿어 보렴. 그 훈련의 목표는 정신을 피곤하지 않게 하면서 서서히 더 긴 장거리를 뛰게 하는 데 있는 것이다.

「큰 바위 얼굴」의 그 사나이도 하루에 1퍼센트씩, 아니 0.1퍼센트씩 큰 바위 얼굴을 닮아간 것처럼, 예전에 네가 막 걸음마를 배울 무렵 조금씩 기다가 앉는 법을 배우고 또 앉다가 걷는 법을 배운 것처럼 말이다.

로마 시대에 '퀸투스 파비우스 막시무스'라는 장군이 있었다. 그는 로마와 카르타고간의 제2차 포에니 전쟁 때 스키피오 장군처럼 카르타고의 한니발 장군을 멋지게 격파한 것은 아니며, 정면으로 적과 대적한 것도 아니지만, 조심스럽게 한발한발 한니발군을 밀어붙여 결국 승리의 발판을 마련했단다.

로마 사람들은 스키피오 장군 못지 않게 파비우스 장군을 기억하고 있었는데, 급기야 20세기에 그의 점진적 전략을 모델로 삼고자 하는 '페이비언 사회주의자들(투표라는 투쟁을 통한 점진적 사회 개혁을 이루려는 세력)'이 생겨나기에 이르렀지. 너도 이 파비우스 장군의 전략을 네 삶에서 활용하는 것이 어떠냐?

작은 도약의 연속은 큰 도약만큼 화려하지는 않지만, 그래도 도약은 도약이다. 자기 실현도 한 번의 도약으로 이루어지는 것이 아니라 작은 도약의 연속으로 이루어지는 것임을 잊지 말아라. 하나의 작은 승리, 다음 번의 승리, 또 다른 승리, 이것이 계속되어 쌓이면 언젠가 자기 실현은 이루어진다.

이상에 도달하기 위해 너무 큰 욕심을 부리지 말아라. 화려하지는 않지만 차분한 발걸음, 하루에 1퍼센트 혹은 0.1퍼센트씩 개선하려는 노력으로 너의 꿈은 이루어질 수 있다.

네 삶의 문지기에 속지 않기를!

네가 뜻을 세우고 그걸 실현하기 위해 안간힘을 썼지만 물거품이 되었을 때, 네가 하는 일이 실패하여 열등감에 젖었을 때 무슨 생각을 했니? 나는 운이 없고 재수가 없어서, 혹은 환경이 나빠서, 혹은 나쁜 친구를 사귀어서…….

어찌 그 뿐이겠니? 다른 사람이 가는 길에는 항상 수호천사가 있고 주단이 깔려 있고 장미로 장식되어 있는데, 내가 가는 길에는 항상 가시밭길이고 온갖 훼방꾼이 나타난다고 생각해 본 적은 없었니? 또 내게는 지지리도 복이 없다고…….

다른 사람들에게 행운이 겹치는 '샐리의 법칙'이 작용하는데, 왜 나는 학교에 서둘러 가는 길에 신호등 빨간 불에 걸리고, 택시를 내리려고 하면 미터기가 째각하고 올라가나……. 아! '머피의 법칙'이 나를 항상 따라다니는구나.

너는 자신이 정말로 복이 없다고 생각하니? 하는 일마다 잘 안 된다고 생각하니? 그건 아마도 네가 착각한 나머지 잘못 내린 결론일 수 있을 거야.

카프카의 『심판』을 읽어보았니? 카프카의 다른 책들이 그런 것처럼, 『심판』도 무척이나 난해한 책이다. 그 『심판』 가운데에서도 특히 「법원의 우화」는 백미가 아닐 수 없지.

어떤 법원이 있고 그 법원에는 문지기가 지키고 서 있다. 그런데 시골에서 올라온 사람이 그 법원에 들어가고자 하는데 문지기가 한사코 서서 막고 있는 거야. 그래서 시골에서 올라온 그 사람은 타타르 수염을 기른 그 문지기에게 사정하고 심지어는 문지기의 외투에 붙어 있는 벼룩한테까지 사정할 정도로 절박하게 애원한다.

어찌 그뿐이겠니? 자신이 가지고 있는 돈까지 문지기에게 건네주지. 그러면 문지기는 그 돈을 덥석 받으면서 "이 돈을 받지 않으면 당신이 섭섭해할까 봐 받기는 받지만 이 법원 안에 들어갈 수는 없소"라고 하지.

초조해진 그 남자가 문지기가 방심하는 사이에 몰래 들어가려고 하는 눈치를 보이자, 문지기는 "혹시 나 몰래 이곳을 들어가도 이 법원 안에는 나보다 직위가 더 높은 사람들이 많아 금방 쫓겨날 것"이라고 위협까지 한다. 그러니까 그 남자는 의기 소침해질 수밖에 없었지.

시골에서 올라온 남자는 문지기와 실랑이를 벌이면서 법원 앞에서 하염없이 세월을 보내다가 병이 걸려 죽게 되지. 그때 시골에서 올라와 법원 안으로 들어가려 했던 그 남자는 갑자기 놀라운 것을 발견하게 된다. 자기 자신 말고 그 법원에 들어가려고 하던 사람이 아무도 없었다는 사실을 깨달은 것이지. 그래서 문지기에게 묻는다. "이 법원은 누가 들어갈 수 있습니까?" 문지기는 대답한다. "아! 지금 생각해 보니깐 당신이 들어갈 수 있는 문이었군요. 하지만 늦었어요. 지금 문을 잠그고 가봐야 합니다." 결국 시골 남자는 법원에 들어가지 못하고 숨을 거두고 만다.

여기서 누가 속은 거니? 그 남자니, 아니면 문지기니? 내 생각에는 시골에서 올라온 남자가 속은 것 같구나. 그는 당당하게 자기 이름을 밝히고 그 법원 안으로 들어갔으면 좋으련만, 주눅이 들어 그렇게 하지 못하고 공연히 문지기에게 돈도 주고 사정을 했던 것이지. 하지만 소용이 없었어.

사실 문지기는 그 남자를 못 들어가게 하고자 막는 방해물이 아니라 오히려 그 남자 외에 다른 사람들을 못 들어가게 하기 위하여 지키고 있는 사람에 불과했는데, 그 남자는 그걸 오해한 것이 아니었을까?

나는 반드시 성공할 거야!

왜 너한테 그런 경험이 없겠니? 선생님이나 수위 아저씨의 감시와 검문을 각오해야 했던 적이 있지 않니? 그때 너는 혹시 쭈뼛거리는 마음이 없었니? 사실 선생님이나 수위 아저씨는 너를 들여보내고 학교관계자가 아닌 다른 사람들을 막으려고 교문을 지키고 있었던 것인데……. 네가 쭈뼛쭈뼛했다면 너는 속은 셈이 아니겠니.

나는 안다. 네 이상과 목표를. 너는 별과 같은 사람이 되겠다고 결심했지. 아니면 나무와 같은 사람이 되겠다고 목표를 세운 건 아니니.

네 이상과 목표는 아름답구나. 하지만 너는 이상을 향하여 나아가는데 그 방해물로 보이는 것에 겁먹고 좌절해서는 안 된다. 너를 둘러싼 힘든 환경과 열악한 여건, 가난하고 힘든 가정 환경, 너를 이해하지 못하는 부모님. 이들이 너의 이상과 계획에 걸림돌이 되고, 너를 주눅들게 하는 것 같아도, 실은 그것이 너의 착각이고 착시이며, 오해일 가능성이 크니깐 말이다.

너는 방해물로 보이는 것에 겁먹지 말고 당당하게 살아라. 너는 네 일에서 네 목표를 향해 떳떳하게 나가는 것이 좋다. 너는 "나는 이 일에 성공하고 싶은데" 혹은 "이 일이 잘될까 몰라" 하고 미지근하게 말하지 말아라. 그건 소심한 태도지.

"나는 이 일에 성공할 거야"라고 자신 있게 말하는 것이 옳다. 마찬가지로 시험칠 때도 "나는 이 시험에 합격했으면 좋겠는데"라고 말하거나 "운이 좋으면 합격할 텐데"라고 말하지 말고 "나는 이 시험에 합격할 거야"라고 자신 있게 말하렴.

그래, 이걸 적극적인 '자기 암시'라고 할 수 있을 거야. 혹은 '자성적 예언'이라고도 할 수 있다. 그러나 적극적 암시든 자성적 예언이든, 자신을 스스로 속이는 것이 아니라 스스로 속고 있는 것에서 깨어난다는 데 그 특징이 있단다. 「법원의 우화」에서 그 남자는 이런 적극적인 자기 암시를 걸 능력이 없어 결국 속고 말았지만 너는 속지 말아라.

너를 둘러싼 주위 환경은 너에게 끊임없이 암시를 걸고 있단다. 길을 걷다보면 사방에 붙어 있는 포스터는 물론, 광고도 그렇고 책도 그렇고······. 이 암시란 불가사의한 것도, 신비스러운 것도 아니고 일상적인 것이다.

「법원의 우화」에서의 문지기처럼 부정적 암시를 던지는 메시지나 사람이 네 주위에 있어도 거기에 제발 쭈뼛거리지 말아라. 네가 들어가고자 목표로 삼고 있는 법원은 다른 사람이 아닌 오직 너만이 들어갈 수 있는 곳이기 때문이지.

CHAPTER

6

악의 유혹에 슬기롭게 대처하기

인간에게 있어서 고뇌에 복종하는 것은 치욕이 아니다.
오히려 쾌락에 복종하는 것이야말로 치욕이다.
-파스칼-

어제 친구들과 영화를 보면서 즐거운 시간을 가졌다면서……. 삶에는 긴장과 고단함이 있고 스트레스가 있구나. 이걸 해소하려면 취미도 가져야 하고 또 즐길 줄 알아야 한다. 너 혼자 즐기건 혹은 친구와 같이 즐기건 간에 말이다.

사람을 '호모 루덴스(homo ludens)', 즉 유희하는 인간으로 볼 수 있는 이유도 여기에 있지. '호모 루덴스'는 일에 열중하는 '호모 라보란스(homo laborans)'와 뗄래야 뗄 수 없는 한 쌍이 된다고 할 수 있을 거야. 여가를 즐기는 것이 인간의 중요한 특성이라면, 여가 생활이란 얼마나 중요한 것이겠니.

하지만 물에도 1급수, 2급수가 있는 것처럼 즐거움과 쾌락에도 급수가 있다고 볼 수 있지 않겠니? 이미 존 스튜어트 밀이라는 영국의 공리주의자는 즐거움을 두 가지로 나누어, 하나는 '고차원의 즐거움', 또 하나는 '저차원의 즐거움'으로 분류했지. 고차원의 즐거움에는 문학작품을 읽고 시를 읊으며 감상하는 것 등이 들어 있고, 저차원의 즐거움은 단순한 육체적 쾌락을 추구하는 것이다.

어때, 네 생활 체험에서 볼 때 '고차원의 즐거움'과 '저차원의 즐거움' 간에 구분이 의미가 있니? 즐거운 시간을 보냈는데 뭔가 뿌듯한 느낌을 가졌다면 고차원의 즐거움이고, 남이 볼까봐 가슴을 졸이며 몰래 즐겼다면, 예를 들어 엄마가 네 방에 들어왔을 때 얼른 감추는 책이나 사진으로 즐거움을 느끼는 것, 그것이 저차원의 즐거움이 아니겠니.

물론 '고차원의 즐거움' 과 '저차원의 즐거움' 도 일리가 있지만, 어찌 그 뿐이겠니? 스트레스를 푸는 즐거움도 있고 또 서스펜스를 즐기는 즐거움도 있을 것 같구나. 만화책을 보는 것이 스트레스 해소용이라면, 남 몰래 피우는 '도둑 담배' 가 서스펜스의 쾌감을 불러일으키는 즐거움이 될 수 있지 않겠니.

즐길 수 있는 즐거움, 즐길 수 없는 즐거움

밀은 또 "배부른 돼지보다 배고픈 소크라테스가 더 낫다"고 주장했다. 하지만 물론 "배고픈 소크라테스보다는 배부른 소크라테스가 더 낫다"고 말할 수 있지 않을까. 이런 관점에서 볼 때 즐거움을 '즐길 수 있는 즐거움' 과 '즐길 수 없는 즐거움' 으로 나누는 방법도 좋다고 생각한다.

'즐길 수 있는 즐거움' 은 무엇일까? 운동하는 것, 산에 오르는 것, 음악을 듣는 것, 번지점프하는 것, 배낭 여행하는 것 등등 셀 수 없을 만큼 많구나. 게다가 너는 바둑을 좋아해서 바둑동호회에도 가입하지 않았니?

하지만 탐닉해서는 안 되는 즐거움도 있구나. 마약, 포르노, 도박 등이 그런 것이다. 이런 쾌락들은 탐닉할수록 너의 영혼을 조금씩 파괴한다. 또 네가 이런 쾌락에 탐닉하게 되면 네 영혼을 조금씩 팔아버리게 된다. 즐거움에 탐닉하려고 네 영혼과 네 꿈, 네 이상을 팔아서야 쓰겠니? 네 영혼과 네 꿈, 네 이상은 팔 수 있는 것이 아니라 소중히 간직해야 하는 '어떤' 것이다.

우리는 헌혈을 할지언정, 매혈하는 것을 금기로 생각한다. 피는 팔아서는 안 되는 어떤 소중한 것인 까닭이지. 심청이가 공양미 삼백 석에 자신의 목숨을 판 것을 애석하게 생각하는 것도 팔아서는 안 되는 걸 팔았기 때문이야. 또 파우스트가 악마 '메피스토펠레스'에게 젊음을 대가로 영혼을 판 것에 대하여 나중에 깊은 회한에 잠기는 것도 팔아서는 안 되는 걸 팔았기 때문이 아니겠니?

너에게 있어서 생명과 같은 것, 영혼과 같은 것, 그런 소중한 것이 있지 않을까? 한 번 잘 생각해 보렴. 젊음의 쾌락을 즐기기 위하여 네 영혼을 팔고 꿈을 판다면, 너는 파우스트처럼 나중에 크게 후회하게 될 것 같구나.

가까운 곳에서 들리는 악마의 음성

악의 유혹을 받아본 적이 있니? 네가 가꾸고자 했던 삶의 꽃과는 사뭇 다른 것인데, 그것이 너를 시험에 들게 한 적은 없었니. 그리고 나중에서야 악의 유혹에 속아넘어갔다는 걸 알게 된 건 아니니? 물론 그 속삭임은 은근하지. 때로는 희망도 속삭임을 가지고 있는 것이어서 '유혹의 속삭임' 과 딱히 구분되는 것은 아니다. 하지만 '희망의 속삭임' 이 진짜 '천사의 음성' 이라면, '유혹의 속삭임' 은 '악마의 음성' 이 아니겠니? 담배를 피고 술을 마시면 어른이 된다고 네 주변의 누군가가 속삭이지 않았니?

　나도 이런 속삭임에 넘어간 적이 있단다. 출퇴근 시간에 자주 이용하는 지하철 안에서였지. 지하철 안에는 물건 파는 사람들이 많다. 지하철을 이용하는 동안 하루에도 두세 번씩은 꼭 마주칠 정도다. 내 귀가 얇아서인지 집에는 이들에게서 산 물건들이 수두룩하지. 종류도 가지가지다. 반창고, 볼펜세트, 장갑, 치약, 우산 등의 가격은 보통 단돈 천 원대가 대부분이지만 때로는 만 원대도 있지. 그래서 네 엄마한테서 잔소리를 많이 듣는 편이다.

　이런 물건을 살 때는 귀가 솔깃해 사지만, 대개 나중에는 실망스러움을 떨쳐버릴 수 없구나. 볼펜이나 사인펜도 색깔이 조잡하기 그지없다. 더군다나 질이 좋지 않아 몇 번 쓰고 버리는 게 대부분이다. 또 지하철 물건의 공통점은 실망감 이외에 또 한 가지, 모두가 '메이드 인 차이나' 라는 것. 한 번은 만 원짜리 전기면도기를 샀다가 채 써보지도 못하고 낭패를 당했구나. 하지만 그것도 잠깐, 또 진귀한 물건이 나오면 귀가 솔깃해진다.

　뭐니뭐니해도 내가 지하철에서 산 물건 중 제일 기억에 남는 품목은 바로 만 원짜리 '추억의 팝송세트' 다. 때는 어느 가을날이었지. 어디선가 여가수의 감미로운 음악이 울려퍼지더니, 도저히 지하철에서 물건을 팔 사람이라고는 여겨지지 않는 40대의 중후한 남자가 말쑥한 바바리 코트를 입고 등장했다.

그가 끌고오는 바퀴 달린 가방도 보통의 지하철 장사치들것과는 비교되지 않는 세련된 것이었지. 마치 유명회사의 품위 있는 홍보요원처럼 말이야. 가방 위 연결된 스피커에서는 아바의 '안단테 안단테'가 그윽하게 울려퍼지는 것이 아니겠니? 나는 그 소리에 완전히 매료되었지. 또 이 곡을 배경삼아 남자는 우아한 목소리로 가수들의 이름과 팝송을 줄줄이 읊어대는 것이었다. 발음 또한 원어민처럼 유창했다. 남자는 끝으로 "CD 세 장에 단돈 만 원"이라고 하더구나.

망설여졌다. 지하철 안에서 사는 CD가 오죽하려고, 또 만 원이라면 선뜻 내줄 수 있는 가벼운 돈이 아닌데……. 또 그날따라 바쁜 일이 생겨 서둘러 직장에 가고 있던 중이었다. 그런데 남자는 나의 망설임을 눈치챈 듯 작은 소책자를 보여주며 가사집도 함께 준다고 했지. 그리고 영어공부도 할 수 있다고 했지. 그래서 난 네 생각도 났다.

결국 난 그 CD를 사서는 연구실에도 놓고 며칠 동안 가사집을 보아가며 가을을 즐기고 있었다. 어느 날 연구실에 놀러온 친구에게 지하철에서 샀다며 그 CD를 자랑하자 팝송에 정통한 그 친구는 음악을 들어보더니 원곡이 아니라고 하더구나. 난 그럴 리가 없다며 강변했지만, 자신이 없었지. 그는 자신이 알고 있는 아바의 목소리는 이것이 아니라고 상세히 설명해 주며 내가 속았다고 말하는 것이 아니겠니. 그리고 이런 CD는 청계천에서 한 장에 천 원이면 산다고 하면서…….

특히 가을날 지하철에 바바리 코트를 입고 아바의 '안단테 안단테'를 들려주며 나긋나긋하게 다가오는 사람이 있다면, 조심하고 속지 말아야 한다.

흔히 악의 구렁텅이로 들어갈 때는 이런 유형의 유혹이 있는 법. 그 옛날 뱀도 이브를 유혹할 때, 또 이브가 아담을 유혹할 때, 그 속삭임은 금단의 사과를 먹으면 신과 같은 존재가 된다는 것 아니었겠니? 하지만 결과는 그렇지가 못했다.

이와 마찬가지로 마약, 술, 담배에 관한 것은 '필요'라기보다 '유혹'이다. 물론 임어당은 이렇게 말한다. "담배를 모르는 이들과는 인생을 논하지 말라"고. 또 술을 마시지 못하는 사람은 '꽁생원'이고 말술도 마다하지 않는 두주불사형은 '통큰 사람'이라고 하는 사람들도 많구나.

그러나 담배를 피우지 않고도 혹은 술을 마시지 않고도 얼마든지 삶에 대해서 진지하게 말할 수 있으며, 얼마든지 통이 큰 호방한 사람이 될 수 있다는 걸 잊지 말아라.

악에는 중독성이 있다

너는 젊을 때 무엇이든 해보고 싶다고 했지. 모험도 해보고 여행도 해보고 영화도 실컷 보고 산에도 오르고. 그래, 젊을 때 무엇이든 해보아라. 젊을 때 하지 않으면 언제 해본단 말이냐? 네 가능성을 시험해 보고 미지의 세계를 향하여 도전하는 것이 젊음의 특권이다.

그러나 모든 것을 다 해보고자 하여도 악에 탐닉하지는 말아라. 악습에 탐닉해서는 안 된다. 몰라서 시행착오하는 일은 어쩔 수 없지만, 알면서 악에 빠져들어서는 결코 안 된다.

선이란 경험을 해보아야 선이 얼마나 아름다운지 비로서 안다. 남을 도와준 사람만이 남을 도와주는 것이 얼마나 보람찬 일인가를 깨닫게 마련이다. 또 남을 위한 희생을 해본 사람만이 희생이 얼마나 숭고한 것인지 터득하게 된다.

그러나 악은 다르다. 악이란 병균과 같은 것이기 때문이다. 컴퓨터 바이러스의 해악을 알기 위하여 컴퓨터 바이러스에 일부러 감염되어 오랫동안 간직해 온 소중한 자료를 날릴 필요는 없지. 이와 마찬가지로 악을 알기 위하여 악을 체험할 필요는 없다. 마약이 얼마나 나쁜가를 알기 위하여 마약에 손을 댈 필요는 없으며, 음주가 얼마나 나쁜 것인지 알기 위하여 폭탄주를 마실 이유는 없지. 또 담배가 얼마나 나쁜 것인지 알기 위하여 골초가 될 필요는 없지 않을까?

병이란 걸려보지 않아도 얼마나 고통스러운지 알 수 있는 것처럼, 악도 몸소 체험해 보지 않아도 그 해로움을 알 수 있구나. 악을 체험해 보지 말아야 하는 이유는 악에는 중독성이 있기 때문임을 명심해라.

무엇에 중독된다는 것이 어떤 건지 아니? '한계효용 체감의 법칙' 이라는 것이 있다. 일반적으로 재화 1단위를 소비하면 효용이 1단위씩 감소한다는 법칙이다.

우리가 이 법칙의 위력을 실감하는 것은 사과를 먹을 때지. 처음에 한 입 베어먹는 사과가 나중에 베어먹는 사과보다 훨씬 맛있지 않니? 또 처음에 마시는 시원한 주스가 나중에 마시는 주스보다 훨씬 시원하게 느껴지는 것도 이 법칙 때문이다.

하지만 중독일 때는 이러한 한계효용 체감의 법칙이 통용되지 않는다는 것이 특징이야. 목마를 때 바닷물을 마시면 더욱 더 갈증이 나서 바닷물이 한없이 마시고 싶듯이, 술 중독자는 술을 한 잔 마실수록 술이 덜 먹고 싶어지는 것이 아니라 더욱더 먹고 싶어지게 된다. 또 담배 중독자는 담배를 피면 필수록 더욱더 담배가 피고 싶어진다.

너 또한 인터넷 게임 중독에 빠진 것은 아니니? 온라인 중독도 마약 중독에 못지 않다. 이런 것이 바로 악의 중독 현상인데, 악의 중독에 빠지면 더 이상 자기 자신의 의지력으로 벗어날 수가 없구나.

물론 중독에도 여러 가지가 있지. '일 중독' 이라는 것도 있다. 한 번 일을 하면 끊임없이 하려고 하는 것, 쉬지 않고 악착같이 하는 것이지. 물론 일이란 소중한 것이다. 하지만 쉬지 않고 악착같이 일만 하면 '일벌레' 가 되는 것이 아니겠니.

또 쉬지 않고 연습만 하면 '연습벌레' 가 되는 것이고 숨 돌릴 여유도 없이 공부만 하면 '공부벌레' 가 되는 것이다. 그밖에 성형수술에 관한 중독 현상도 있다구나. 한 번 얼굴을 뜯어고치면 자꾸 더 뜯어고치고 싶고 '뼈를 깎는 고통' 도 마다하지 않게 되는 신기한 현상이지. 물론 일 중독, 연습 중독, 공부 중독을 마약 중독이나 알코올 중독 혹은 도박 중독과 비교할 수는 없을 터이다.

악의 중독은 뻘과 같은 것이다. 뻘은 진흙으로 되어 있어 한 번 빠져들기는 쉬운데 나오기는 어렵구나. 또 악의 중독은 갈쿠리 모양의 쐐기와 같다. 한 번 박히면 여간해서 나오지 않고 뺄려고 하면 더 깊이 들어가는 것. 금단현상이 바로 이런 것이 아니겠니?

유혹에 대한 두 가지 대처

네가 삶의 테마를 설정하고 네 인생의 조각상을 손질해나갈 때 많은 악의 유혹, 타락의 유혹에 부딪힐 것 같구나. 실제로 삶의 소중함을 자각하고 이상을 실현해 나가는 일은 산에 한발 한발 오르는 일처럼 힘들다. 하지만 악의 유혹에 빠지는 일은 마치 눈사태처럼 단 한번에 모든 것을 무너뜨린다. 놀라운 '비대칭성'이라고 생각되지 않니?

그러나 그렇다고 해서 아무리 경계하고 조심한다고 하더라도 네가 악의 유혹에서부터 전적으로 면제받을 수는 없는 일이지. 삶에 있어 영원히 지속되는 온실은 없다. 다만 악으로부터 유혹받는 기회를 최소화할 수 있을 뿐.

그렇다면 유혹이 너를 손짓할 때가 언젠지 아니? 악습을 고치고자 하는 너의 결심이 3일 정도에 접어들었을 무렵 유혹은 은근하게, 때로는 강하게 다가올 것이다. 이때 너는 어떻게 대처할래? 유혹과 정정당당하게 대결할 거니, 그렇지 않으면 유혹으로부터 도망칠 거니? 유혹에 대처하는 방법에는 대결과 도망, 이 두 가지가 있단다.

줄행랑 36계

우선 유혹에 대하여 정정당당하게 대결할 수밖에 없는 상황이 있다. 예를 들어 친구들이 너에게 컨닝을 하겠다고 네 답안지를 보여달라고 할 때 이를 회피하기보다 네 입장을 밝히고 정정당당하게 거절할 수 있지 않겠니? 혹은 동료 가운데 어느 한 사람을 왕따로 만들자는 제의가 들어왔을 때, 혹은 나쁜 일을 같이 하자는 친구의 꼬임은 결연히 거부할 수 있을 거야.

하지만 거부할 수 있으려면, 너의 의지가 비교적 투철하고 견고해야 한다. 혹은 너의 정의감이 확고하든지……. 하지만 네가 생각하기에 자신의 의지가 그토록 견고한 것이 아니라면 정면대결은 피하는 것이 좋겠구나.

마약을 먹지 않으려면 마약과 관계 있는 술집과 파티 장소까지 일부러 찾아가서 거부할 것이 아니라 아예 그러한 위험이 있는 곳에는 가지 않는 것이 훨씬 낫지 않을까? 그것은 싸우지 않고도 이길 수 있는 방법이다.

만약 다이어트를 결심했다면 진수성찬을 차려놓은 상 앞에서 그걸 먹고 싶어하는 내면적 욕구와 처절하게 싸우기보다는 아예 그 상을 보지 않는 게 더 낫지 않을까.

유혹에 대하여 정면으로 대결하기보다는 이를 피하는 방법이 현명할 때도 있다. 병법에도 줄행랑, 즉 도망이 36계에 속하지 않니.

물론 유혹으로부터 도망가는 방법은 비겁하고 혹은 떳떳하지 못한 방법처럼 비칠 수도 있겠지. 그러나 악의 속성이 대부분의 경우 중독성을 띠고 있다는 점을 감안하면 아예 상종하지 말거나 도망가는 것이 최고다. 특히 이 문제가 중요한 것은 악이란 선과 달리 한 번 경험하면 헤어나기 어렵기 때문이야.

포르노에 대해서 너는 호기심을 가질 수 있지. 물론 어느 정도의 성에 관련 지식과 정보는 필요하지만, 포르노는 왜곡된 정보와 시각만 알려준다. 결국 한 번 포르노를 즐기게 되면 그 곳에서 헤어나기 힘들어진단다.

마약이나 술, 담배도 마찬가지란다. 가령 마약을 먹으면 정말 기분이 좋아지는가 궁금할 수도 있지. 그리고 피로가 사라지고 원하는 환상을 만끽하리라는 기대감을 품을 수도 있지. 그리고 한 번 마약을 경험한 다음에 끊어도 괜찮을 것이라고 생각할 수도 있다. 그러나 마약은 한 번 손을 대면 그것으로 끝이다.

그러므로 악에 관한 한, 그 악의 유혹에 넘어간 다른 사람들의 참담한 이야기를 듣는 것만으로 너의 경험은 충분한 것이다. 굳이 실제로 경험해서 그 해악을 깨달으려고 하지 말아라.

'오디세우스'와 요정의 섬

악의 유혹으로부터 도망가는 전략에 관한 한, 가장 고전적인 것이 오디세우스의 '요정의 섬'으로부터의 탈출이다. 『오디세이아』의 오디세우스를 아니? 그리스의 장군이며 이타카의 군주 오디세우스는 트로이성을 함락시키고 칼립소 섬에서 머물다가 고향인 이

타카로 돌아가게 된다. 그 과정에서 그와 함께 했던 동료들과 선원들은 파란만장한 위험을 겪어야 했지. 그 위험의 절정에서 오디세우스는 죽음을 부르는 섬의 요정 사이렌, 즉 '세이레네스'를 만날 수밖에 없었다.

그 섬을 지나가는 배에서 누구든 사이렌의 노랫소리를 듣기만 하면 그 유혹에 빠져 죽게 되는 운명이 되고 만다. 이 사실을 알고 있던 오디세우스는 요정의 섬에 가까이 오자 요정들과의 직접 대결을 피하고 회피하는 전략을 세웠다.

여신 키르케의 충고로 오디세우스는 동지들과 선원들의 귀를 밀랍으로 봉하고 자신만 귀를 열어두게 했지. 또 자신의 선원들에게 자신의 몸을 결박하여 돛대에 묶어 놓도록 했단다. 게다가 오디세우스가 사이렌의 노래를 듣고 밧줄을 풀어달라고 간청한다면 선원들은 오디세우스를 더욱 칭칭 묶어 놓아야 한다고 미리 일러주고 배를 출발시켰다.

이처럼 오디세우스는 키르케의 권고를 충실하게 따랐고 밀랍으로 귀를 봉한 선원들은 열심히 노를 저어서 그 위험을 빠져나가려고 했지. 그러나 오디세우스는 마지막에 사이렌의 유혹적인 노래를 참지 못하고 동지들에게 자신을 풀어줄 것을 애원하기도 하고 명령하기도 했단다. 하지만 그들은 오히려 오디세우스의 이전 지시에 따라 그를 전보다 더 세게 묶었다. 그 결과 일행은 사이렌의 유혹에서 벗어나 고향 이타카로 무사히 귀환할 수 있었지.

갈쿠리 모양의 쐐기

물론 너는 용기를 갖고 있지. 또 네 이상을 실현하기 위한 기백도 의심치 않는다. 그래서 유혹이 다가왔을 때 그와 정정당당하게 대결하고 싶은 마음도 없진 않을 것이다. 그러나 유혹에 관한 한, 정면으로 대결하겠다는 것은 자칫 만용으로 나타날 가능성이 크다는 사실을 잊지 말아라.

악의 유혹에 젖먹던 힘을 다해서 저항하기보다는 차라리 다른 활동에 관심과 의식을 집중해서 몰두하는 쪽이 훨씬 현명한 방법이다. 인터넷에서 채팅에 중독되어 있음을 알고 이에서 벗어나려고 한다면, 또 포르노에 중독되어 있다고 느낀다면, 채팅하고 싶은 마음, 포르노 보고 싶은 마음과 정면으로 대결하기보다는 다른 활동, 즉 운동을 하러 나가렴.

그 이유는 간단하지. 갈쿠리 모양의 쐐기는 뽑아내려고 하면 더욱 깊숙이 박히기 때문에 차라리 쐐기 위에 또 다른 쐐기를 박음으로써 원래의 쐐기를 뽑아내는 것이 효과적이기 때문이다. 마치 해변가에서 물결이 다가와 다른 물결을 밀어내듯이…….

물론 유혹과 싸워서 이길 경우도 있겠지만, 상상의 힘이 지나치게 강할 경우도 있을 수 있단다. 상상에는 미끼 자체를 아예 주지 않는 편이 좋다.

네가 친구들과 이야기를 나누면서 이 도피전략을 썼을 때 비아냥을 받을 수도 있단다. "넌 아직도 담배를 피워보지 않았단 말이냐" 하고. 그러나 그 말에 동요되고 자극받아 담배도 피고 대마초를 핀다면 악의 유혹에 빠지는 것임을 명심해라.
    네 인생의 꽃을 피우려면 악의 유혹에 대하여 시험하지 말아라. 악의 유혹에 대하여 호기심으로 시험해 보기에는 네 꿈과 이상이 너무나 소중하고 고귀하다.

CHAPTER

7

진정한 용기는 모험과 다르다

대의를 위하여 기꺼이 목숨을 버릴 준비가 된 사람은
다른 사람을 벌벌 떨게 하고 다른 사람의 목숨을 좌지우지하는 사람보다도 강하다.
- 톨스토이 -

너는 소신과 마음속의 이상을 가지고 있지? 그러나 그 소신을 지키려면, 또 가슴속 이상을 방어하려면 용기가 필요하다. 다른 사람들은 네 소신과 이상에 대하여 항상 공감하는 것은 아니다. 비판과 공격을 할 수도 있고 비아냥거리는가 하면 냉소를 보낼 수도 있지. 이때 네가 용기가 없다면, 어떻게 네 소신을 지킬 수 있겠니? 또 네가 주위 사람들의 눈치나 보기나 한다면, 어떻게 네 소신을 지킬 수 있겠니? 너에게는 네가 간직하고 있는 것들을 지키기 위해 강인하고도 굳건한 힘이 필요하구나.

친구가 죽으면 따라 죽을래?

연어 이야기를 들어본 적이 있니? 자신이 태어났던 삶의 원천을 되새기며 그곳으로 되돌아가기 위하여 온 힘을 다해 도도히 흐르는 강물을 거슬러 올라가는 한 마리의 연어.

너는 그런 연어가 될 수 있겠니? 주위 사람들이 안 된다고 하고 틀렸다고 해도, 네 소신을 관철하려는 용기와 의지력이 필요하다.

용기가 없다면 네 삶은 네가 원하는 삶이 되지 못한다. 다른 사람들이 네가 원하는 삶을 대신 살아줄 수는 없단다. 네 어렸을 때 기억나니? 하도 친구를 좋아해서 친구가 하자는 대로 뭐든지 하고 밥도 먹지 않고 친구하고 놀려고만 해 엄마가 네게 속이 상해 한마디했지.

"너, 친구가 죽으면 따라 죽을래?"

그랬더니 뭔가 효과가 있는 것 같더구나. 그래, 친구를 좋아한다고 해도 친구가 죽는다고 따라 죽을 수는 없는 일이지. 너는 너의 삶, 친구는 친구의 삶을 가지고 있는데……. 네 삶은 스스로의 삶인데 남이 원하는 대로, 기대하는 대로만 행동하면 진짜 네 삶은 없어지고 인형극에 나오는 인형의 삶처럼 되는 거란다.

고대 서양에서는 덕목 중 '용기'를 가장 높은 가치로 인정했다. 『일리아드』를 아니? 방랑시인 호메로스가 읊고 다녔다는 대서사시인 『일리아드』에서는 그리스와 트로이 전쟁, 전쟁에서 활약하는 영웅들의 무용담이 생생하게 그려져 있다. 여신 테티스의 아들이며 그리스의 명장인 아킬레스, 트로이의 명장인 헥토르, 또 아가멤논 왕과의 불화 때문에 싸움을 하지 않고 있는 아킬레스를 대신하여 그의 투구와 칼을 차고 헥토르와 싸우다가 장렬하게 목숨을 바친 파트로네스.

『일리아드』에서는 용기가 최고의 덕목이었다. 그리스말로 용기를 '안드레이아(andreia)'라고 하는데, 어원으로 따져보면 '아넬(aner)'이라고 남자를 뜻하는 용어에서 나온 말이다. 굳이 말하자면 '남자다움'이라고 할까.

하지만 여자라고 이 말을 듣고 기분 언짢아하거나 겁먹을 이유는 없다. 이 말은 여성을 비하하는 성차별적인 용어가 아니기 때문이지. 여자도 용기를 발휘한다면, 남자다움의 덕을 가질 수 있음을 잊지 말아라.

나중에 이 '안드레이아' 는 로마에서 라틴어로 '빌투스(virtus)' 로 표현되기에 이르렀지. '빌투스' 도 남자를 표시하는 라틴어 '빌(vir)' 에서 나온 '남자다움' 이라는 뜻이다. 결국 '빌투스' 는 영어로 덕을 의미하는 '버추(virtue)' 의 어원이 되었지.

재미있지 않니? 용기란 실제로 무사들의 덕이다. 전쟁터에서 싸우고 있는 무사들에게 절실하게 요구되는 것이 바로 이 용기의 덕, 즉 용덕(勇德)이기 때문이지.

그렇다면 평화시엔 용기의 덕이 필요할 리가 없지. 그러나 호메로스는 그렇게 생각하지 않았단다. 전쟁시건, 평화시건, 용기의 덕은 '덕 중의 덕' 이라고 판단했던 것이다.

너는 이런 호메로스의 견해에 대해서 어떻게 생각하니? 용기라는 덕이 '덕 중의 덕' 이라고 한다면 과연 그 이유가 무엇일까? 그것은 인간이 가치 있는 행동을 하는 데 반드시 용기가 있어야 한다는 의미가 아닐까.

정직함에도 필요한 용기

'정직해야 한다' 는 말을 반추해 보았니? '정직은 최선의 정책'

이고 또 정직하려면 거짓말을 하면 안 된다. 그러나 실제로 참말을 하면 엄청난 손해를 보고 사람들의 손가락질을 받으며 이제까지 쌓아올린 명예도 물거품이 될 것이 확실한 상황에서, 참말을 하기가 과연 쉬울까, 아니면 거짓말을 하기가 쉬울까?

두말할 나위가 없구나. 그렇기 때문에 거짓말을 하지 않으려면 용기가 있어야 한다. 이와 마찬가지로 네가 옳다고 생각했던 네 소신과 이상을 견지하려면 반대자와 비판자들 가운데에서도 네 믿음을 굳건히 지켜나가는 용기, 비판자들 앞에서도 겁먹지 않고 당당하게 네 소신과 원칙을 옹호할 수 있는 용기가 필요하다.

그렇다면 용기는 한약으로 치면 모든 한약에 들어가는 '감초'와 같은 것이 아니겠니? 혹은 모든 음식에 들어가야 하는 '소금'과 같은 것이라고도 할 수 있을 거야.

용기의 의미를 알았으면 어떻게 용기의 정신을 가질 수 있는지 궁리해 보자. 우선은 너 스스로 용기의 정신을 체득할 수 있도록 노력해야 한다. 경기장에서 모든 사람들이 어느 한 팀만을 응원할 때 그 가운데에서 너는 반대 팀을 응원할 수 있겠니? 다른 사람들의 눈총을 받으면서 다른 팀을 응원할 수 있다면, 너는 용기를 훈련하고 있는 셈이다. 또 회의에 참석한 자리에서 다른 많은 사람들이 옳다고 주장하고 있는 걸, 네 생각과 다를 때 당당하게 네 소신을 밝힐 수 있다면 그건 용기를 체득하고 있는 중이다.

그 뿐만이 아니다. 네 옆에서 소매치기를 하고 있는 사람을 보았을 때 겁먹기보다는 용기 있게 대처할 수 있다면, 그것도 용기를 실습하고 있는 거야. 물론 그렇다고 해서 박세리 선수처럼 한밤중에 공동묘지에 가서 골프 연습을 할 필요까지는 없겠지. 하지만 호신용으로 태권도 정도는 배우면서 용기를 키울 수는 있지 않겠니?

용기가 중요하지만 그걸 네가 체득하기 위해서는 끊임없는 연습이 요구된다. 용기가 좋은 줄 알면서도 그걸 네 생활의 일부가 되도록 체득하지 않는 경우, 너는 겁쟁이가 될 수밖에 없고, 결국 반대자들 앞에서 네 소신과 철학을 옹호할 수 없게 될 거야.

너는 자신의 소신을 지키는 데 겁쟁이가 되어서는 안 된다. 부디 '안드레이아'를 가져 네가 소중히 생각하는 이상과 꿈을 멋지게 키워 나가기를 진심으로 빈다.

진정한 용기에 대하여

특히 네가 실현하고자 하는 꿈을 갖고 '좋은 삶'을 추구하고자 한다면 용기 없인 불가능하다. 진실을 말할 용기, 부정 부패를 거절할 용기, 주변의 눈총과 무언의 압력에도 불구하고 '아니오'라고 말할 수 있는 용기…….

용기는 어떤 경우에 발휘될 수 있다고 생각하니? 용기는 무엇보다도 전쟁터에서 발휘되는 미덕이다. 수많은 용사와 무사들의 무용담이 이를 말해 주고 있지 않니? 나라를 위하여 목숨까지 바쳐야 하는 위급한 상황에서 끝까지 진지를 사수하고 적을 물리치려면 용기가 필요하다.

또 절박한 처지에 빠진 사람을 구해야 하는 위험한 상황에서 도움의 손길을 뻗칠 때에도 용기는 필요하다. 불이 타오르고 있는 건물 안에서 정신을 잃고 있을지도 모르는 사람을 구하러 들어가는 것, 남의 지갑을 훔쳐가는 소매치기를 쫓아가서 그를 잡는 것, 혹은 지하철 철로 안에 떨어진 사람을 구하기 위하여 지하철 아래로 뛰어내리는 것, 이것은 대책 없는 무모함이 아니라 굳센 용기의 표시다. 용기 없는 사람이 어떻게 무너질지도 모르는 건물 안으로 들어갈 수 있겠니? 과연 소심한 겁쟁이가 소매치기를 쫓아갈 수 있을까?

그런가 하면 말로 표현할 수 없을 만큼 힘든 고통을 침착하고 강인한 마음으로 참아 견디는 것, 이 또한 용기다. 치매에 걸려 언제 나을지도 기약할 수 없는 어머니를 정성스럽게 간병하는 것, 비오는 날이든 눈오는 날이든 가릴 것 없이 장애아를 학교에까지 데려다주고 데려오는 것, 또 위암에 걸렸을 때 그 위암의 고통을 의젓하게 참아내는 것. 이런 것들이 바로 용기가 아니겠니?

예고 없이 찾아온 병마, 절망적인 아픔에 시달리면서도 한 마디 불평도 없이 견디어낼 수 있다면, 그는 비록 전사는 아니지만 '용사'라고 부를 수 있겠구나.

용기와 모험은 다르다

그렇지만 용기를 왜 이런 식으로만 생각해야 하겠니? 용사가 아니더라도 용기가 필요한 경우가 없겠니? 너도 경험해 봤지? 번지점프를 하려면 얼마나 큰 용기가 필요하니? 그 높은 데 올라가서 아래로 떨어지는 것은 상상만 해도 끔찍한 일이 아닐 수 없다. 이 끔찍하고 무서운 감정과 공포를 극복해야 번지점프를 할 수 있다면, 번지점프에도 용기가 요구된다.

왜 번지점프뿐이겠니? 파도타기에도 용기가 있어야 하고 래프팅에도 용기가 필요하다. 또 말을 타거나 자동차 경기에 참가하는 데도 용기가 필요하지 않을까?

하지만 이 모든 것들에 용기가 필요한 것은 사실이지만, 또 용기를 단련하는 데 도움을 준다는 것을 부정할 수는 없지만, 이들은 엄밀한 의미에서 '용기'라고 하기보다는 '모험'이라고 해야 하지 않을까?

너는 모험에 대해서 많이 들어보았지?『로빈훗의 모험』,『톰소여의 모험』,『신밧드의 모험』등등.

『신밧드의 모험』은 바그다드의 부유한 청년인 신밧드가 일곱 번씩이나 인도양에 나아가 갖가지 위험을 극복하고 바그다드의 부자가 된다는 흥미진진한 이야기다. 그래도 우리는 '신밧드의 모험'이라고 할지언정 '신밧드의 용기'라고는 하지 않는다.

또 히말라야의 최고봉인 에베레스트 정상 정복에 도전하는 것도 '용기'라고 하기보다는 '모험'이라고 해야 할 것 같구나.

용기와 모험의 차이는 뭐겠니? 모험에 대하여 말할 때 도전자들은 어떤 운명적인 상황이나 도덕적 의무감에 의해서 도전해야 할 절박한 이유를 갖는 것은 아니다. 결국 '선택적'이라는 것이 모험의 특징이로구나. 다른 말로 하면 모험에는 특별히 도덕적인 가치가 들어 있는 것은 아니라는 뜻이다. 그렇다면 용기에는 도덕적인 요소가 배어 있다는 의미가 된다.

그러므로 선택의 여지 없이 절박한 상황에 있는 누구를 위해서 혹은 어떤 가치 있는 것을 위해서 강인함을 보이는 것이라면 용덕이다. 하지만 단순히 강인함, 그 자체를 시험하기 위해서 요구되는 용기라면, 모험이라고 부르는 게 맞을 것이다.

네가 믿고 있는 것을 위해, 네가 사랑하는 것들과 사람을 위해, 혹은 네가 무엇인가 희생할 수 있을 정도로 가치를 두고 있는 것을 위해 너의 강인함을 보인다면, 그것이 용기란다.

모험이 아닌 용기를

너는 삶을 살아가면서 모험을 해야 할 때도 있다. 물론 스턴트맨이 될 필요는 없겠지만, 깜깜한 밤중에 네가 해야 할 일이 있다면 겁먹지 말고 밖으로 나갈 수도 있어야 한다. 또 때로는 높은 산을 오르기도 할 수 있어야지. 그래야 건강을 유지할 수 있지 않겠니? 또 번지점프나 롤러코스터도 탈 수 있어야 젊음을 즐길 수 있을 것 같구나.

하지만 이런 모험을 하지 않는다고 해서, 이런 모험을 거부한다고 해서, 너의 삶이 부실해지거나 초라한 삶이 되는 것은 아니다. 모험적인 취미생활보다 안전한 여가생활을 즐긴다고 해도 아기자기하고 멋진 삶을 가꾸어 나갈 수 있고 자기 실현의 여지도 충분하다. 네가 안전모를 쓰고 오토바이를 탔다고 해서 겁쟁이로 몰아붙이고 네 삶에 활력이 없다고 비난할 사람은 없다.

그러나 용기는 다르단다. 너는 스스로의 목적을 이루고 너의 소신을 방어하기 위해 용기가 있어야 한다. 고통은 항상 어디선가 끊임없이 오게 마련이다. 마치 어디선가 불어오는 바람처럼 말이다. 또 네가 선택하지 않더라도 너의 삶을 옥죄는 운명적인 고통도 있다. 그리고 네 주변에서 울부짖으며 너의 도움을 간절히 바라고 있는 사람도 있게 마련이지. 그러므로 이때 네가 용기를 발휘하지 않으면, 너의 꿈과 이상은 산산조각이 날 수 있고 고통받는 네 이웃도 무너져내릴 수 있다.

번지점프는 해도 좋고 안 해도 좋고, 또 롤러코스터나 래프팅도 해도 좋고 하지 않아도 좋다. 하지만 네 꿈의 실현을 위해, 또 주변에 어디선가 어려움에 처해 있는 사람을 위해, 때로는 너에게 운명적으로 닥쳐오는 고통을 참기 위해 용기는 반드시 체득해야 할 덕목이다.

용기의 꽃, 민들레

봄이 왔구나. 사방이 온통 꽃천지다. 봄의 들판을 수놓는 수많은 꽃들 가운데 민들레를 보았니?

민들레야말로 꽃상추과에 속하는 다년생초로 들판이나 보도블록 틈새, 빌딩의 발치에도 발견되는 그야말로 아무 데나 피는 흔한 꽃이란다. 수많은 구두들이 밟고 지나가는 길 위로도 얼굴을 내미는 민들레. 그런 민들레에게 무슨 거창한 이름이 있겠니?

장미처럼 '꽃 중의 꽃'도 아니고, 또 벚꽃처럼 모든 사람들이 봄날에 한 번 나들이했으면 하는 소망의 꽃도 아니다. 또 "무궁화꽃이 피었습니다……"에서 나오는 무궁화처럼, 우리나라를 대표하는 위대한 꽃도 아니다. 또 흔해빠졌으니 천연 기념물은 더더욱 아닐 터. 사람들이 집에서 난을 기를망정, 흔해빠진 민들레를 기를 턱이 없구나.

또 화훼 단지에서 민들레를 기른다는 말을 들어보았니? 민들레가 어떻게 화초가 될 수 있겠니? 화초는 사람들이 정성스럽게 가꾸어야 하는 꽃이지. 이렇게 보면 민들레는 잡초다. 3류 꽃이지.

그래, 너도 물론 민들레보다는 장미가 되고 싶겠지. 장미가 아니라면 철쭉, 또 개나리는 어떠니? 그래도 민들레가 되고 싶은 마음은 없을 거야.

민들레는 틀림없이 잡초다. 잡초가 된 사연도 기구하지.

노아 시대에 커다란 홍수가 나서 40일 밤낮으로 비가 쏟아져 땅 위의 모든 것이 파멸하고 무너져 내리게 되었을 때 민들레는 발이 땅에 묻혀 피난을 갈 수 없게 되었다. 다급해진 민들레는 하늘을 향하여 살려달라고 애절하게 기도했지. 얼마나 애절하게 기도했던지 머리가 하얗게 세어버렸지 뭐냐. 하느님은 민들레의 기도를 들어주었고 큰 홍수가 덮치는 순간, 씨에 날개가 생겨 바람을 타고 새처럼 하늘을 날게 되었지.

이것이 민들레의 씨앗이 홀씨가 되어 바람에 이리저리 휘날리게 된 사연이다. 그래서 아무 데나 앉을 수 있는 곳이면 앉아서 싹을 피운단다. 길가에서, 바위틈에서, 콘크리트 담장 사이에서, 철조망 사이에서…….

민들레는 담장틈 사이에서 피어나는 제비꽃만큼이나 연약하고 보잘것없는 야생초다. 하지만 화초인 장미 못지 않은 아름다움과 장점이 있구나. 장소를 가리지 않고 피는 민들레.

민들레는 식물계의 조연으로 역경 속에서 사는 길을 선택한 꽃이다. 사람들의 발길에 밟히고 자동차가 수없이 지나다니는 길가나 콘크리트 틈새에서도 끝끝내 살아나는 강인한 생명력이 자랑이다. 화초에게선 이런 생명력을 찾아볼 수 없지. 또한 홀씨는 바람에 날려 어디서나 뿌리를 내리고 번식하기 때문에 용기의 꽃이기도 하다.

게다가 민들레는 인내의 꽃이기도 하다. 민들레는 뿌리를 잘게 쪼개거나 볕에 말려 심어도 싹이 돋아 다시 포기를 이루니 고난을 이겨내는 힘이 강하다. 그래서 강인한 꽃이기도 하지.

꽃에는 꿀이 많아 벌 나비가 쉴새없이 모여들 만큼 줄 것도 많고 정이 넘쳐흐르는 너그러운 꽃이 민들레다. 또 즙은 종기 치료에 특효가 있고 달여 마시면 식독을 풀어주고 결핵이나 늑막염까지 효험이 있어, 인(仁)을 베푸는 꽃이다.

민들레를 보렴. 민들레는 결코 사람들이 정성들여 물을 주고 거름주며 가꾸는 꽃, 즉 화초나 양생초(養生草)는 아니다. 하지만 야생초라도 이렇듯 놀라운 매력과 덕성을 가지고 있다고 한다면, '덕초(德草)'라고 부르는 편이 온당하지 않을까?

그런데 민들레의 꽃말을 찾아보니깐 '무분별이나 나쁜 점'이라고 했더구나. 이해할 수 없는 일이다. 꽃말을 만들어낸 사람의 편견이 작용한 게 아닐까?

민들레의 삶을 보면 사람들이 정성스럽게 가꾸지 않아 스스로 역경 속에 사는 길을 선택한 꽃이다. '실력이 없어 어쩔 수 없구나' 혹은 '장미보다 예쁘지 않으니 어쩔 수 없구나' 하는 절망감에 젖어 마지막에 2류의 삶으로, 조연의 삶으로 내몰린 꽃이 아니다. 오히려 처음부터 조연으로서 거칠고 고단한 삶을 선택했고 이로써 성공한 꽃이지. 민들레는 잡초지만 남에게 베푸는 인덕과 강인함의 장점이 뛰어난 이유가 바로 여기에 있다.

한 줌의 흙 · 아침이슬 · 하늘 · 바람

민들레는 야생초이니만큼 장미 등 양생초에게나 어울리는 크리스털 수반이나 수돗물은 필요 없고 한 줌의 흙과 아침이슬, 하늘과 바람만으로 충분하다. 즉 하늘과 바람만이 든든한 수호자일 뿐, 그 이외에는 사치다. 하지만 그 보잘것없는 것이 이루어낸 세상은 보기만 해도 감동스럽고 눈물겹지 않니?

나는 네가 온실 안의 화초나 양생화처럼 귀하게 크는 것도 좋고, 또 아름다운 장미처럼 우아하게 자라나는 것도 좋다. 하지만 아침이슬과 하늘, 바람을 벗삼으면서 인덕과 용덕을 가진 야생화처럼 자라나는 것도 과히 나쁘지 않다고 생각한다.

분명 민들레는 빼어나지 못한, 예사로운 풀 포기이지. 하지만 덕스러운 풀 포기임에 틀림없다. 너의 삶이 비록 화초나 약초처럼 주연으로 인정받지 않아도 좋지만, '덕초'와 같은 삶, 너 자신이 든든하고 강인하며 너그러워져, 남에게 베풀고 보금자리가 될 수 있는 삶이 되기를 바란다.

CHAPTER

8

너무나도 소중한 '오늘'과 '지금'

만일 사람이 항상 심각하고 놀이나 휴식을 취하지 않는다면
자신도 알지 못하는 사이에 미치거나 불안정하게 될 것이다.
-헤르도투스-

너는 네 이상을 향해서 노력하고 있지. 나는 네가 쉴새없이 그리고 악착같이 노력하고 있다는 것을 잘 알고 있단다. 하지만 노력에는 언제나 굴곡이 있게 마련이란다. 오르막과 내리막 말이다.

악착같이 노력한다고, 쉬지 않고 노력한다고 항상 좋은 결과가 나오는 것은 아니다. 기말 시험을 위해서 밤샘을 했지만 노력에 비례해서 성과가 나오지 않을 때, 그때 허탈했지? 하다가 잘 안 되면 쉬는 것이 최선이다. 이상과 목적을 향해 무작정 정진하는 것만이 능사는 아니지. 반드시 쉬어라. 또 쉬는 법을 배워라.

달리는 말에 채찍질하는 것이 젊음의 특권이기는 하지만, "천천히 서두르라"는 말도 있지 않니? "천천히 서두르라"는 말은 분명히 모순어법이야. 하지만 모순 속에 음미할 대목이 있음을 명심해라. '행복한 고민'처럼 말이다. 또 칸트가 말한 '이율배반'도 있지 않니?

틀림없이 너는 자신이 쉬기도 한다고 항변하겠지. 하지만 쉬더라도 머리 속에서는 네가 해왔던 일에 대한 관심이 떠나지 않고 있지 않니. 물론 그것도 나름대로 쉬는 방법이기는 하지만 진정한 의미에서의 휴식과는 다른 것이다.

무위의 신기함

혹시 네가 하는 모든 일을 완전히 잊고 다른 일에 몰두하는 것은 어떠냐? 물론 너는 완벽주의자이니 만큼 쉬는 것에 대해서, 혹은 하던 일을 접고 다른 일에 몰두하는 것에 대해서 죄책감을 느끼고 있지는 않니? 마치 쉬어서는 안 될 사람같이 말이다.

그 순간 끊임없이 일하는 개미의 영상이 클로즈업 될지도 모른다. 혹은 노래부르고 놀기만 했다가 굶어죽을 수밖에 없었던 베짱이의 모습이 눈에 어른거릴 수도 있겠지. 그러나 이 모든 것을 과감하게 잊어버려라. 잊어버리기 어려우면 다른 재미있는 일을 찾아 몰두하면 된다.

그러면 놀라운 일이 벌어진다. 다른 일에 몰두하다 보면 원래 노심초사했던 일이 갑자기 하고 싶어지는구나. 그래서 무심코 그 일을 하면 놀랄 정도로 잘되지.

나도 글을 쓰다보면 항상 마감에 쫓겨 허둥지둥 살고 있지. 항상 글쓰기의 소재가 샘솟듯이 생각나는 것은 아니니까 말이다. 하는 수 없이 쉬거나 할 일 없이 빈둥거리다 보면 문득 미뤄뒀던 글이 쓰고 싶어진단다. 그때 무심코 펜을 잡지. 그러면 놀랄 정도로 글이 술술 나온단다. 전에는 알듯 말듯 했던 아이디어가 영롱한 모습으로 떠오르기도 하고 아무리 애써도 표현되지 않았던 구절이 만들어지기도 하고……. 그것은 마치 샘물이 바닥까지 말랐다가 시간이 가면서 다시 고이는 것과 같다고나 할까.

흥미로운 것은 내가 작위적으로 무슨 노력을 한 것도 아닌데, 옹달샘처럼 물이 다시 고인다는 사실이지. 그러면 그 샘물을 그냥 퍼 올리면 되니까, 나는 얼마나 행복한 사람이냐. 하지만 이것이야말로 자연의 선물이 아닐까라는 생각이 드는구나.

실은 고대 중국의 장자도 '무위(無爲)' 라는 개념을 많이 강조하곤 했지. '무위' 란 인위(人爲)나 작위(作爲)와는 대비되는 것으로 아무것도 하지 않고 빈둥거린다는 뜻이 아니겠니?

하지만 엄밀한 의미에서 무위란 내가 의식적으로 아무것도 안 한다는 것일 뿐, 자연마저 아무것도 안 한다는 것은 아니다. 오히려 자연으로 하여금 무엇인가 하게끔 허용하는 것이지. 그래서 "무위를 행한다"고 말하면 어색한 표현일까?

우리가 아무 일도 안 해도 강물은 흘러가고 또 꽃은 피지 않니? 오히려 내가 애쓰는 것에는 아마도 순수하지 못한 집착이 잔뜩 섞여 있고 욕심이 많아서 순수한 자연의 흐름에 방해되는 것인지도 모르지. 물론 요즘처럼 바쁜 세상에 '무위자연' 이니 '무위학습' 을 말하기란 쉽지 않은 일이구나. 일을 해도 해도 끝이 없는 요즘 세상에서 무위를 말하다니…….

하지만 너도 한 번 경험해 보아라. 작위나 인위에 의한 노력이 너무나 힘겹게 느껴질 때, 그로부터 한 번 떠나보는 게다. 그러면 얼마 후 새로운 그 무엇이 찾아오는 것을 느끼게 된다. 그것은 영감이 될 수 있고 테크닉도 될 수 있으며 아이디어가 될 수도 있을 것이다.

일에 정진하는 모습은 좋지만, 노력하는 중에 너 스스로를 너무 채찍질만 하지 말고 무위의 방식을 한 번 사용해 보렴.

너무나도 소중한 '여기' 와 '지금'

우리가 살고 있는 이 곳은 마치 전쟁터 같구나. 왜 그렇지 않겠니? 입시전쟁, 취직전쟁, 수출전쟁, 범죄와의 전쟁, 마약과의 전쟁 등 모두가 전쟁투성이다.

사실 우린 목숨 걸 데가 너무나 많지. 크고 중요한 데에도 목숨을 걸고 사소한 것에도 목숨을 건다. 물론 전쟁이란 어차피 목숨을 건 싸움이다. 또 최선을 다하기만 하면 되는 경쟁이 아니라, 지면 안 되고 이겨야만 하는 경쟁이라면 처음부터 '전쟁' 이라고 해야 할 것이나. 하지만 너무나 사소한 것에도 목숨을 걸고 전쟁을 하고 있는 것은 아닐까?

너도 미술관이나 박물관에 가본 적이 있겠지. 미술관이나 박물관 관람도 실은 별것 아니다. 한바퀴 주욱 돌아다니면 그만이다. 전시물을 정성껏 음미하면서 보려고 하기보다는 그냥 한 번 남들처럼 혹은 남 못지 않게 보았다는 데서 의미를 찾기 때문에 열심히 보고 많이 보긴 보았는데, 뚜렷이 기억에 남는 것은 없다. 다만 다리가 쑤시고 머리만 아플 뿐이다. 미술관과 박물관에서의 예술품 감상보다 백화점에서 상품을 구경하는 모습이 더 진지하다면, 역설이 아니겠니?

무엇이 그리 바쁘고 급한지 모르겠구나. "기는 놈 위에 나는 놈"이 있다고 기는 법을 배우기도 전에 날려고 하는 것, 달리기에 달리기를 거듭하는 것. 그것이 아름답기보다는 안쓰러워 보이고 또 고통스러워 보이는 이유는 무엇일까?

열심히 일하는 모습은 정녕 아름답다. 또 즐겁게 노는 모습도 아름답다. "열심히 일한 당신, 떠나라"고 광고할 정도가 되지 않았니? 이처럼 악착같이 일하는 모습은 결코 아름답지 않단다.

또 악착같이 노는 모습도 과히 아름답지 않다. 휴가를 가기로 했다면, 어딘가 목적지는 있을 테지. 하지만 휴가의 목적지로 가는 길에도 멋진 경치는 얼마든지 있을 터이다. 봄 들판에 피어오르는 아지랑이, 강 저편에 붉게 물든 저녁노을, 또 낙조의 하늘은 이보다 더 아름다울 수 없지. 너무나 아름다워 갈 길을 재촉하는 우리 발목을 잡을 수도 있지 않겠니. 그러면 쉬어간들 어떠하냐. 꼭 목적지까지 가야 맛이겠니?

문득 나의 젊은 시절을 회상해 본다. 그때는 어딘가 여행을 가면 남는 것이 사진이라고, 이리 뛰고 저리 뛰고 사진 찍느라고 맥이 다 빠져버리곤 했지. 진짜 경치와 고적지는 음미할 여지조차 없었지. 현재를 즐기기 위해서가 아니라 마치 추억의 앨범을 만들기 위해서 여행을 온 것처럼 말이다. 미래를 준비하다 보니 현재는 없어지는구나. 역설이 아니겠니?

시험 준비할 때 혹시 네가 그렇지 않았니. 너의 시험 인생은 오로지 미래를 위하여 있는 것이었지. 미래를 위해 참고, 미래를 위해 절제하고……. 그렇다면 네 현재, 네 오늘은 어디 있단 말이냐. 결국 우리가 사는 것은 '여기' 와 '지금' 인데, 미래가 그 자리를 차지해 버렸다면 '여기' 와 '지금' 은 실종되어 버린 셈이다.

물론 미래에 대한 준비는 필요하다. 저축도 해야 하고 노년 준비도 해야 하고……. 우리는 하루만 사는 하루살이처럼 살 수는 없다. 그러나 미래에 지나치게 집착하는 나머지 오늘은 없는 것처럼 산다면, 그 미래는 과연 무슨 의미가 있겠니?

게으름에 대한 옹호

너도 휴대폰을 가지고 있겠지? 너는 언제 휴대폰을 사용하니? 행여 다른 사람과 만나 직접 얼굴을 맞대고 대화를 하면서 동시에 휴대폰을 받고 통화하지는 말아라. 다른 사람과 얼굴을 보며 대화를 하면, 업무상 이야기든 다정한 이야기든, 거기에 빨려들어갈 정도로 집중해야 할 텐데, 저 멀리서 오는 휴대폰을 받고 이야기를 하다니……. 이것도 현재에 충실하지 못하고 현재를 즐기지 못한다는 증거가 아닐까?

이렇게 현재를 잃어버리고 사는 것은 결국 너 자신을 잃어버리고 사는 것이다. 거기에서 배어나는 허전함을 어떻게 주체할 수 있겠니? 시계를 벗어버리고 시간 없이 살 수는 없겠니? 초침의 소리를 듣지 않는다면, 그윽한 영혼의 소리를 들을 수 있을 것 같구나.

우리는 일반적으로 밥을 너무 빨리 먹는다. 씹지도 않고 삼킨다.

물론 말도 없지. 하지만 되새김질하는 소처럼 한 번 반추해 볼 필요가 있지 않을까? 씹지도 않고 빨리 먹으니깐 위암 발병률이 높은 것이다. 조금 게을러지면 어떻겠니? 그래서 여유를 찾으면 좋겠구나.

부지런한 것은 분명히 아름다운 일이다. 그러나 부지런함을 지나쳐 항상 서두르는 것은 아름다운 일은 아니다. 게으른 것은 분명 탓할 일이다. 그러나 가끔 멍하니 바보처럼 있는 것, 약간 게을러지는 것, '시간이 좀먹으랴' 하는 태도를 갖는 것. 그건 탓할 일이 아니라 권장할 일이라는 생각이 드는구나.

항상 내일이 찬란한 빛을 안겨줄 것으로만 믿고 고단한 오늘을 천시하고 빨리 지나가길 바라서는 안 된다. 오늘이야말로 내일을 만드는 보석의 원광석 같은 것이 아니겠니? 오늘에 대한 시간적·공간적 소중함을 자각하지 못하는 것, 존재의식의 결여는 불성실의 시작이다. 결국 우리가 맞이하는 것은 과거도 아니요, 미래도 아니며 현재일 뿐이다.

그렇다면 현재를 너무 학대하거나 홀대하지 말고 소중한 것으로 맞이해 보렴.

이름을 떨치는 데 집착하지 말기

옛말이긴 하지만, "호랑이는 죽어서 가죽을 남기고 사람은 죽어서 이름을 남긴다"는 말을 들어 보았니? 호랑이는 이제 동물원이 아니면 보기가 어려우니까 너에게 실감이 나는 말이라고 볼 수는 없구나. 하지만 사람은 왜 하필 죽어서야 비로소 이름을 남기겠니? 살아서도 이름을 남길 수 있고 또 그것이 네가 바라마지 않는 꿈이 아니냐.

너는 죽기 전, 살아 생전에 이름을 날리고 싶지 않니? 물론 이름을 날리고 또 이름을 남기는 것은 좋은 일이고 또 우리 사회에서도 이름을 감추는 것보다 이름을 확실히 밝히는 것이 좋다고 하는 공감대가 이루어지고 있다. 은행 거래를 할 때 자신의 이름을 밝히는 금융 실명제가 있고 부동산 거래를 할 때 자신의 이름으로 하는 부동산 실명제가 실시되고 있는 것도 바로 이 까닭이지. 익명의 거래나 차명 거래는 부정 부패를 야기할 가능성이 크지 않겠니.

그렇다면 인터넷에서의 대화는 어떠냐? 인터넷에서 익명으로 의사소통과 상호작용이 이루어지고 있기 때문에 오히려 욕설이 난무하고 근거 없는 비방과 중상이 판치고 있다고도 말할 수 있지. 컴퓨터를 이용하는 '네티즌'의 품위 있는 '네티켓'이 이루어지지 못하는 것도 익명성 때문이 아니겠니?

이 점에 있어서는 이미 고대 그리스의 플라톤의 『공화국』에서 나오는 「기게스의 반지」이야기가 가장 인상적이다. '기게스의 반지'란 다른 사람의 눈에 보이지 않게 만드는 요술 반지다. 이 요술 반지를 낄 경우, 악한 사람과 착한 사람이 달라질까 하는 문제가 흥미롭구나. 물론 악행과 악덕을 일삼아왔던 사람은 고기가 물 만난 듯이 악한 일을 더 능숙하게 하겠지. 하지만 문제는 착한 일을 해왔던 착한 사람의 경우가 아닐까?

『공화국』에 나오는 글라우콘과 아데이만투스 형제는 착한 사람일 경우라도 익명성을 보장하는 '기게스의 반지'를 끼면, 그 익명성 때문에 악한 행동을 하는 쪽으로 기울어져 악한 사람과 별로 다를 바 없다고 주장하고 있다. 우리 주변의 현실을 보면 글라우콘과 아데이만투스 형제의 주장을 부인할 수만은 없어 서글퍼진다.

무명 예찬

그렇다면 '익명'과 '무명'은 나쁜 것이고 '실명'과 '유명'은 좋은 것일까? 반드시 그렇지는 않다고 생각되는구나.

크리스마스 때 서울 시청 앞에서 종을 치는 구세군 냄비에 돈을 넣는 손이 큰손이건 고사리손이건 가릴 것 없이 아름다운 것은 '실명의 손'이 아니라 '무명의 손'이기 때문이 아니겠니? 또 수해가 났을 때, 선뜻 성금을 내는 고마운 손이 아름다운 것도, 또 불쌍한 소년소녀 가장을 도와주는 따뜻한 손이 아름다운 것도 그것이 '유명의 손'이 아니라 '익명의 손'이기 때문이다.

또 봄의 들판에 나갔을 때 우리의 눈이 부신 까닭은 철쭉, 개나리, 진달래 등등, 이름을 가진 유명한 꽃 때문이기도 하지만, 이름 없는 풀꽃들이 한층 우리의 가슴을 뭉클하게 하는 부분은 무엇때문일까?

뭐니뭐니해도 이름이 없는 것들 가운데 가장 우리를 감동시키는 것은 바로 '무명 용사'다. 조국을 위해 치열하게 싸우다 이름도 남기지 않은 채 이슬처럼 사라져간 용사가 무명 용사가 아니겠니? 그래서 어떤 국립 묘지에도 무명 용사의 묘가 있게 마련이구나.

무명 용사의 묘는 이름을 날린 유명한 장군이나 영웅의 묘가 아니라 이름도 없이 전장의 이슬로 조용히 사라져 간 조국의 넋이기에 더욱더 감동을 자아내는 것이 아니겠니. 베네딕트 앤더슨은 이렇게 말하고 있다.

"근대 민족주의의 문화적 상징으로 무명 용사의 기념비나 무덤보다 더 인상적인 것은 없다. 누가 그 안에 누워 있는지 모른다는 바로 그 이유 때문에 무명 용사의 기념비나 무덤에 공식적으로 경의를 표한다는 것은 그 전례가 없었던 일이다."

이름 없는 익명의 기부하는 손, 이름 없는 꽃, 혹은 이름 모를 풀꽃, 이름 없는 무명 용사가 뜨거운 감동을 자아낸다면, 세상에 이름이 나기를 그토록 열망하며 고대해야 할 이유가 어디에 있겠니.

수수하지만 아름다운 삶

나는 네가 너의 이상을 실현하며 삶에 도전하는 정신으로 살아가기를 바란다. 그 과정에서 네 이름이 뜰 수도 있고 네 이름 석자가 사람들 입에 오르내릴 수도 있겠지. 신문과 방송에 네 얼굴과 이름이 멋지게 날 수도 있겠지. 물론 좋은 일이다. 나 또한 크게 기뻐하고 축하할 거야.

하지만 치열한 삶을 살았더라도 네 이름이 알려지지 않을 수도 있다. 멋있는 삶을 살았지만 조용했고, 따뜻한 삶을 살았지만 수

수했기 때문이지.

  그렇다고 해서 네 삶이 실패는 아니다. 또 네 삶이 감동스럽지 않은 것도 아니다. 너는 게으르지 않았고, 인색하지도 않았으며, 또 무지와 오만에 찌들지도 않았다면, 이름 없는 풀꽃처럼 신비스러운 아름다움을 발산할 수 있겠구나. 오히려 이름이 없기 때문에 더욱더 감동스러울 것이다. 네 이름을 알리는 데 너무 집착하지 말아라.

CHAPTER

9

무모한 경쟁에 휘말리지 말아라

싸움에 있어서는 한 사람이 천 사람을 이길 수도 있다.
그러나 자기 자신을 이기는 자야말로 가장 위대한 승리자이다.
- 석가모니 -

경쟁, 혹은 경쟁력이라는 말을 많이 들어봤지? 경쟁은 우리에게 긴장감과 스트레스를 준다. 어디 스트레스뿐이겠니? 서스펜스와 스릴도 주지. 경쟁은 승자와 패자를 만들어내기 때문이다. 때로는 친한 친구와도 경쟁을 하게 되어 얼마나 당혹스러웠니? 우정이냐 승리냐 하는 선택의 갈림길.

너는 "경쟁 없는 세상, 시험 없는 세상에서 살고 싶다"고 말한 적이 있지. 하지만 경쟁 없는 세상, 시험 없는 세상은 현실 세계에서는 바랄 수 없는 유토피아 같은 것이 아니겠니.

그렇다면 경쟁이란 좋은 것일까, 나쁜 것일까? 글쎄, 어리석은 질문처럼 들리는구나. 어떤 사회제도나 현상도 강점과 약점을 동시에 가지고 있는 만큼, 경쟁도 좋은 점과 나쁜 점을 같이 가지고 있지 않겠니? 다만 좋은 점이 많을까 혹은 나쁜 점이 많을까 하는 것이 판단의 관건이 되는 셈이다.

경쟁이라는 것이 나쁘다고 인상적으로 이야기한 사람은 장 자크 루소다. 경쟁이라는 것이 도입된 순간부터 우리 인간은 불행해지기 시작했다고 주장하는 그 사람의 이야기는 아득한 옛날의 어느 사건으로부터 시작된다.

춤추기 파티와 춤추기 경연대회

문명이 시작되기 전 우리가 야만인처럼 살았던 시절이 있었다. 사람들은 농사짓는 법도 모르고 다만 수렵생활을 하면서 살았다. 그런데 어느 날 사람들에게 커다란 횡재가 닥친 거다. 적지 않은 수의 사슴들을 손쉽게 사냥할 수 있었던 것이지. 잡은 사슴들이 하도 많아서 1년 양식을 걱정할 필요가 없었다.

사람들은 사냥 성공을 자축할 겸 모래사장으로 내려가서 파티를 벌였지. 사슴고기도 풍성하고, 마실 것도 많고, 마치 명절과 같은 분위기가 아니었겠니? 이들은 모래사장에서 춤추기 파티를 벌였다. 때로는 파트너를 바꾸기도 했고……. 너무 즐거웠고 꿈 같은 시간이었다.

하지만 이런 행복한 시간이 계속되자 행복에 겨워하는 사람들이 하나둘씩 생겨났고 곧 그 분위기는 전체에 파급되기 시작했지. 급기야 행복의 지루함과 무료함을 깨기 위해 몇 사람이 '춤추기 파티'를 '춤추기 경연대회'로 바꾸기를 제창했고, 이것은 곧 많은 사람들의 공감을 불러일으켰다.

드디어 춤추기 파티는 종결되고 춤추기 경연대회가 시작되었단다. 춤에 능한 사람들이 나와서 시합을 벌이는 것이지. 경연대회의 결과 등수가 정해지고 또 상도 주어졌다. 1등, 2등, 3등…… 그런데 이 등수 매기기에서 누구도 예상치 못한 결과가 일어났지.

물론 가장 행복한 사람이 1등이었음은 의심의 여지가 없지만, 가장 불행한 춤꾼은 누구였는지 아니? 꼴찌? 아니다. 꼴찌는 이미 참여하는 데서 그 의미를 찾은 사람인 만큼 승부에는 마음을 비웠기 때문에 그렇게 불행하지는 않았단다. 놀랍게도 2등한 춤꾼이 가장 불행했지. 사실 2등은 두 번째로 행복감을 만끽해야 했던 사람 아니냐.

그 이유는 간단했다. 자기 자신이 조금만 잘했으면 1등이 될 수 있었을 텐데 하는 아쉬움에 식음을 전폐할 정도로 마음을 아파했던 것이야. 이 대회 불행의 순서는 2, 3, 4등이었다니 놀라운 역설이지.

올림픽 게임

경쟁에서 행복감을 만끽할 만한 사람은 1등을 차지한 한 사람뿐, 나머지는 다 불행한 사람이 되는구나. 그렇다면 경쟁은 '악'일까? 그것도 '절대악'일까, 아니면 '필요악'일까? 혹시 경쟁을 '선'으로 볼 수는 없을까? 경쟁이 없었다면, 인간의 탁월성을 어떻게 발견할 수 있었겠니?

운동 경기를 한 번 생각해 봐라. 혼자 달리기를 할 때와 여러 사람과 경쟁해서 달리기를 할 때 어떤 경우에 좋은 기록이 나오지? '더 빨리(citior), 더 높이(altior), 더 강하게(fortior)'는 혼자 하는 운동이 아니라 여럿이 하는 운동 경기, 즉 올림픽에서 등장한 구호가 아니겠니.

경쟁과 경연하면 금방 생각이 떠오르는 올림픽은 그리스 문화의 독특한 유산이다. 올림픽은 신체적 경쟁의 향연과 같은 것이었다.

시기마다 차이가 있었으나, 통틀어 21가지의 경기종목이 올림픽에 도입되었지.

올림픽이 열리는 때는 전쟁도 휴전으로 들어갔다. 1개월에서 3개월 사이의 휴전이 선포되고…… 휴전조항을 어기는 자에게는 엄청난 액수의 벌금이 부과되었는데, 그 유명한 알렉산더 대왕도 벌금을 물은 적이 있을 정도였지. 또 올림픽 개최를 알리는 사람을 '헤럴드(Herald)'라고 하여 지금도 좋은 뉴스를 전하는 전령을 지칭하고 있다. 이저럼 그리스에서는 성생을 세노와하니 얼밀히 글겼던 것이다.

소크라테스와 아고라

올림픽만이 아니다. 그리스의 정치 제도도 경쟁체제였지. 민주수의의 특징적 모습은 다수결이 아니겠니. 누가 또는 누구의 의사가 다수의 의지를 받아들이느냐 하는 문제가 정치적 의사결정의 관건이기 때문이다. 정치적 결정과정에서 계급이나 재산이 개재될 수 있는 여지는 없었지. 비록 여자와 노예는 이 경쟁체제에서 제외되었지만, 그리스의 민주주의는 정치적 의사를 결정하는 완전경쟁 체제였단다.

또 아테네에서는 농업보다 무역이 성했다. 무역은 교환을 통해서 부를 획득하는 행위다. 농업이 인간과 자연과의 경쟁체제라면, 무역이라는 상업은 인간과 인간의 경쟁체제다. 교환을 잘하느냐 못하느냐에 따라 성패가 판가름나기 때문이지. 우리 사회에서도 경쟁이 가장 심한 곳은 시장이 아니냐.

그리스에서 시장적 경쟁 시스템이 어느 정도 생활화되었는가는 소크라테스의 행적을 보아도 알 수 있지. 그의 유명한 대화술도 시장바닥인 '아고라'에서 실험되고 주목을 받았던 것이다. 비록 그는 그 '아고라'에서 젊은이들을 오염시킨 죄로 독배를 마셔야 하긴 했지만…….

우리의 정치·사회제도와 시장제도는 아테네의 그것처럼 경쟁을 통하여 진가를 발휘할 수 있는 게 아니겠니. 시장에서 생산자나 회사가 경쟁을 하지 않는다면 어떻게 싼값의 좋은 제품이 나올 수 있겠니. 또 정치인이라면 자신의 반대자들을 정책으로 설득하고 자신의 입장을 옹호해야 하는데, 다수 유권자의 지지를 획득할 수 있는 경쟁력이 관건이 되어야 한다는 생각이 든다. 그러니 너도 경쟁을 삶의 한 부분으로 받아들이렴.

무모한 경쟁은 금물

하지만 모든 경쟁이 가치 있는 경쟁은 아니다. 루소가 걱정했던 것처럼 의미 없는 경쟁, 무모한 경쟁이라는 것도 있구나.

무모한 경쟁이란 보다 가치 없는 것을 위하여 보다 가치 있는 것을 포기하는 경쟁이다. 그런 경쟁이 있냐고? 있고 말고. 철로에 누워 있다가 기차가 들어올 때 누가 가장 늦게 몸을 피하는가 하는 경쟁, 악동들 사이에 이런 경쟁에서 이기면 영웅이 되고 지면 겁쟁이가 된다. 그러나 거기에서 이긴들 무슨 중요한 삶의 가치를 갖겠니?

또 오토바이를 타고 지나가는 자동차 사이를 요리조리 잘 빠져나가는 폭주족들 간의 시합도 있지. 하지만 오토바이를 타고 자동차 사이를 능숙하게 빠져나가는 곡예운전을 한다고 하여 그것이 무모함 이외에 어떤 가치를 가질 수 있다고 생각하니. 설마 용기는 아니겠지? 용기보다는 만용, 만용보다는 무모함의 극치가 아닐까. 그것은 사소한 것에 목숨을 걸기 때문이야. 인간 목숨의 무게가 얼마나 중한 것인데, 그러한 사소한 경쟁에 목숨을 건단 말이냐.

우리가 무모한 경쟁심에 휘말리게 되면 이겨보았자 별것도 아닌 것을 뻔히 알면서도 이기고야 말겠다고 물불을 가리지 않게 되는 것이지.

그래도 사람들은 무모한 경쟁에 몰두하는구나. 우유를 먹이면서 아빠보다 더 똑똑한 아이로 키우겠다고 다짐하는 엄마들, 공부가 가장 쉬웠다는 사람을 한없이 부러워하는 학생들, 세상은 2등을 기억하지 못한다면서 1등이 되려고 무리한 욕심을 부리는 기업들, 권력을 잡는 것을 일생일대의 가치로 생각하고 권력 앞에 줄서는 사람들, 이들이 모두 그런 사람들이다.

아이는 아이대로의 꿈이 있고 생활 전망이 있게 마련인데, 왜 하필 아빠를 따라 잡아야 할까? 아빠보다 덜 똑똑한 아이라면, 일생동안 기를 펴지도 못한 채 살아야 할 판이 아니겠니. 2등과 3등도 나름대로 쉽지 않은 성취이고 자기 실현인데, 왜 만족하지 못하고 1등만을 고집해야 하겠니.

물론 남은 쳐다보지 않고 자기 자신만 너무나 예쁘다고 자아도취에 빠지는 나르시시즘이 좋은 것은 결코 아니다. 하지만 그렇다고 해서 남하고 비교만 하려 든다면 정작 너의 참모습은 없어지게 된다.

일그러진 일등주의

우유 많이 마시기 경쟁, 사과 빨리 먹기 대회, 혹은 햄버거 많이 먹기 대회는 어떠니? 이런 먹기 대회에서 이겨보았자 위를 버리고 배탈나는 일밖에 더 있겠니?

그런가 하면 맥주 마시기 경쟁도 있구나. 아무리 많이 마셔도 취하지 않는 사람이 누구인지를 알아보려는 경쟁, 또 누가 빨리 마시나 하는 경쟁, 하지만 주량 경쟁은 무모한 경쟁일 수밖에 없다. 알코올 중독자가 되기 위한 경쟁에서 무슨 진정한 경쟁의 의미를 찾을 수 있겠니?

혹은 더 멋있는 구두사기 경쟁, 더 좋은 옷 입기 경쟁, 혹은 더 예뻐지기 경쟁도 있구나. 그런 경쟁은 품위 있는 경쟁은 결코 아니다. 얼굴 예쁘게 가꾸기 경쟁보다 마음 예쁘게 가꾸기 경쟁이라면 품위 있는 경쟁이 되련만…….

무모한 경쟁에 휘말리지 말아라. 무모한 경쟁은 이겨보았자 '상처뿐인 영광'에 불과하다. 물론 여기에는 무엇이든 이기고 1등을 해야 한다는 '일등주의'가 들어 있구나. 그러나 그것은 '일그러진' 일등주의가 아니겠니. 공부도 1등해야 하고 춤추기도 1등해야 하고 사랑하는 데도 1등해야 하고, 피자를 빨리 많이 먹는 데도 1등 해야 하고…….

그래, 그런 사람은 루소가 말한 경쟁의 부정적 요소에 함몰된 사람일 것이다. 이런 일그러진 일등주의에는 그 탁월성의 기준이 나한테 있는 것이 아니라 남에게 있기 때문에 나 자신의 완성이나 목표 실현보다는 남을 이기는 것에 집착하게 된다.

남의 성공과 자기 실현을 질투하고 못마땅하게 생각하는 까닭이 여기에 있다. 그래서 내가 비교적 좋은 옷을 입어도 남이 더 좋은 옷을 입은 걸 보면 불행해지고, 내가 30평 아파트에 살아도 35평 아파트에 살고 있는 친구를 보면 박탈감을 느끼고, 남보다 조금 나은 나를 확인할 때라야 우쭐거리고 교만해지는구나.

무모한 경쟁에 함몰된 사람은 불행하다. 무엇이든 1등을 하고 팔방미인이 되어야 한다고 생각하는 사람은 불행한 사람이 아닐 수 없다. 네가 설정한 삶의 목표에서 그다지 중요한 영역이 아니라면, 네가 꼭 1등을 해야 할 이유가 어디 있겠니? 네가 꼴찌를 하면서도 즐거울 수 있지 않겠니.

네가 성악에 뜻을 두고 기량을 닦고 있다면, 사생대회에서 상을 받지 못한 걸 너무 애석하게 생각할 필요는 없다. '내가 빨리 뭐가 되지 않으면 내 몫을 빼앗기고 만다'는 초조감에 사로잡힌 사람은 인생을 제대로 즐길 수가 없단다. 버스 탈 때도 제일 먼저 타려고 하고, 학교에서도 1등만 하려고 하고, 체육시간에도 체력 단련보다는 좋은 점수만 따려고 하고, 독후감 쓰기에서도 1등하려고 하고……. 그러면 몸과 마음이 얼마나 피곤하겠니.

삶의 어느 부분에서는 경쟁을 해야 하지만, 삶의 또 다른 부분에서는 춤추기 파티를 즐길 마음의 자세가 필요하다.

같은 물을 마시는 '라이벌'

'라이벌(rival)' 이란 말은 강을 의미하는 영어 'river' 에서 온 말이다. 강물의 이쪽과 저쪽의 맞은 편에서 같은 물을 먹고 마시는 사람을 '라이벌' 이라고 하지. 경쟁자인 라이벌은 적과는 달리 서로를 발전시키는 원동력이 된다. 따라서 라이벌이 쓰러지면 자신도 쓰러지고 마는 경우도 종종 보게 된단다.

너는 네 경쟁 상대를 악의 존재로 볼 필요가 없다. 삶 속에서 일어나는 경쟁을 선과 악의 싸움으로 본다면, 도덕적 이기주의에 빠져 있다는 증거인지도 모른다. 너 자신은 선의 입장에 서 있고 상대방은 악의 입장에 서 있다고 느낄 때, 그 상대방도 너와 똑같이 너는 악이고 자기 자신은 선하다고 느낄 것이 아니겠니?

이러한 도덕적 이기심은 우리를 위선에 빠지게 하고 나아가 시기와 질투에 빠지게 하기 쉽다. 그 결과는 죽기 아니면 까무러치기의 살벌한 전쟁이고 파멸이 되기 쉽지.

경쟁을 선과 악의 구도에서 보지 않고 선과 선, 미와 미와의 경합 구도로 본다면 자기 위선과 타인에 대한 증오에 빠지지 않고 경쟁 속에서 자신의 능력을 최대한 발휘하기 위하여 몰두할 수 있을 것 같구나.

진정한 경쟁은 나와의 싸움

경쟁을 할 때마다 너는 얼마나 긴장되고 괴로웠니? 그런데 그 경쟁이 많기도 하다. 입시 경쟁, 취직 경쟁, 하다 못해 택시잡기, 버스 잡기 경쟁도 있지 않니? 하나의 경쟁을 넘고 나면 또 다른 경쟁에 부딪힌다. 우리는 아마 죽을 때까지 경쟁의 굴레 속에 살아야 할 운명을 가지고 태어난 것이 아닌가 하는 생각이 들 때도 있단다.

경쟁에는 물론 상대가 있지. 또 상대를 넘어뜨리면 혹은 상대보다 앞서면 나는 이기는 것이다. 이처럼 경쟁은 다른 사람과의 대결이란다. 내가 상대방보다 잘하지 못하더라도 상대방이 나보다 실수를 많이 하면, 이기게 되어 있지. 그러다 보니 '내가 잘했으면' 하는 마음보다 '상대방이 못했으면' 하는 마음이 굴뚝같고 시기와 질투, 모략이 판을 친다. 그래서 남이 잘하면 박수가 안 나오고 남이 못해야 박수가 나오는가 보다. 겉으로는 패자를 위로하면서 속으로는 유쾌한 기분을 가진 적은 없니?

우리는 '전사(戰士)의 시대'에 살고 있는 걸까? 실제로 내가 알고 있는 몇몇 회사에서는 직원들이 서로 '선수'라고 부르곤 했는데, 언제부터인가 서로 '전사'라고 부른다. 요즈음 경쟁엔 심판도 없고 게임 규칙도 없으며 통제 시스템도 존재하지 않는 듯하다. 오로지 선제공격이 중요할 뿐, '어떻게든 상대방을 무너뜨리지 않으면 내가 죽는다'는 생각뿐인 것 같구나.

경쟁을 타인과의 대결이 아니라 자신과의 대결로 인식할 수는 없을까? 경쟁을 자신과의 대결로 인식하면 상대방을 적으로 보던 적대감도, 상대방이 잘하는 걸 칭찬하기보다는 시기와 질투로 바라보던 이기심도 사라질 텐데…….

운동경기에서도 승리하는 선수가 흔히 승리 소감을 말하는 것을 보면, 자신과의 싸움에서 이겼노라고 하지. 도대체 그것이 무슨 뜻일까. 다른 선수와의 경쟁에서 이긴 것인데, 왜 자신과의 싸움에서 이겼다고 말하는 것일까?

그건 아마도 연습과정에서의 진실을 말하는 것일 게다. 실제 경기에 나서기 전, 선수는 끊임없이 혼자서 스스로를 격려하며 불확실한 상황 하에서 연습과 훈련에 매달린다. 어느새 스며드는 절망감을 없애기 위해 안간힘을 썼고 또 공포감을 최소화하려고 노력한 거지. 이것은 결국 자기와의 싸움이 먼저며, 이러한 자기와의 싸움의 연장이 타자와의 경쟁일 뿐임을 말해 주는 것이다.

경쟁이란 자기 자신과의 투쟁으로 이루어놓은 것을 타자와 비교하여 가늠해 보는 것에 불과하다. 결국 경쟁의 본질적 목표가 자기실현이고 또 자신의 잠재적 능력의 완성이라면, 경쟁의 일차적 상대는 자기 자신이고 상대는 부차적인 존재일 뿐이지.

타자와의 경쟁이란 결국 자기 자신과의 경쟁을 철저히 하기 위한 필요조건이 아니겠니.

의기양양한 '시지프스'

경쟁이 자기 자신과의 싸움이라는 것은 프랑스의 실존주의자 까뮈가 재조명한 『시지프스의 신화』에서 극명하게 읽을 수 있지.

  그리스 신화에 의하면 시지프스는 생전에 신들을 속인 죄로 저 세상에서 중벌을 받고 있다. 산꼭대기에 큰 바위를 올려놓으면, 제 무게 때문에 바위가 저절로 산 아래로 굴러 떨어진다는 내용이다. 시지프스는 굴러 떨어진 바위를 다시 산꼭대기로 들어올리는 작업을 저 세상에서 영원히 해야 하는 존재다. 그것은 천형(天刑)이 아닐 수 없구나. '십년공부 도로아미타불'과 같은 상황이 아니겠니? 힘은 들지만 결과가 없는 것과 마찬가지다.

  그런데 까뮈는 굴러 떨어진 바위를 다시 들어올리기 위해 산 아래로 걸어 내려오는 시지프스의 얼굴에서 그의 삶에 대한 승리를 읽고 있다니, 이상한 일이 아니겠니?

  까뮈의 해석에 의하면, 시지프스는 바위가 굴러 떨어지자마자 그 바위보다 더 먼저 내려와 바위를 기다리고 있다가 바위가 내려오면 힘차게 바위를 산 정상으로 들어올린다. 시지프스는 '내가 또 다시 이 일을 해야 하는가' 하는 절망감에 사로잡히기는커녕, 바위보다도 자기 자신이 더 강하다는 자신감을 갖고 자신의 천형적 운명을 이기고 있다는 환희를 누리고 있는 것이다.

  결과보다 그 과정에서 자신감과 보람을 느끼는 시지프스. 보람은 있을 수 없고 희망도 있을 수 없는 이 영원한 형벌을 실존적으로 이겨내고 회심의 미소를 지으며 또 다시 형벌을 자기 삶으로 끌어안으려 산 밑으로 내려가는 시지프스는 삶의 수형자가 아니라 삶의 영웅인 셈이지.

  우리는 시지프스를 새롭게 해석한 까뮈가 맞는지, 혹은 천형으로 운명지어진 시지프스를 그린 원래의 그리스 신화가 맞는지 알 수 없구나. 어쩌면 둘 다 맞을 수도 있지 않겠니? 그러나 카뮈가 새롭게 해석한 시지프스에 매력을 느꼈으면 하는 바람이다.

시지프스가 자신의 삶을 바위와의 경쟁으로 보았다면, 끝없이 실망하고만 있겠지. 굴러 떨어지는 바위야말로 자신을 조롱하고 있다고 봤겠지. 하지만 자신의 삶을 자신과의 경쟁으로 보았던 시지프스는 그 때문에 즐거울 수 있단다. 바위는 땅으로 내려왔으나, 시지프스는 의기양양한 모습으로 그 바위를 들어올림으로써 자신과의 싸움에서 이겼기 때문이지.

자신의 운명과 대결하는 시지프스를 보면서 삶 속에서 이루어지는 타자와의 경쟁은 결국 자신과의 경쟁 이외에 아무것도 아니라는 것을 깨달았으면 좋겠구나.

지는 법을 배워라

경쟁에서 이기고 싶지? 내가 왜 네 마음을 모르겠니. 사실 이기고 싶기 때문에 경쟁에서 스트레스를 받는 거다. 이건 다른 사람들도 마찬가지지. 단순히 한 번 해보는 셈치고 시험을 치거나 참여가 미덕이라고 하면서 경쟁에 뛰어드는 사람은 별로 없다.

그러다 보니 경쟁에는 승자와 패자가 생기는 법이야. 그건 다른 말로 하면 너도 경쟁에서 항상 승자가 될 수 없고 때로는 패자가 될 수 있다는 의미다.

이 사실은 말할 필요가 없을 정도로 너도 이미 경험해 본 일이 아니겠니? 너는 언제나 시험에 합격하고 승자가 되기 위해서 밤잠을 설쳤고 땀을 흘렸다. 피눈물나는 노력을 했지만 너는 시험에 떨어졌고 경쟁에 졌다.

왜 졌을까? 네가 피눈물나는 노력을 한 게 사실이지만, 네 상대방도 너 못지 않은 노력을 했기 때문이 아니겠니? 또 너는 성실하게 노력했지만 운이 너무 나빴구나. 하필 네가 쓰는 볼펜이 너무 낡았고 네 책상에는 강한 햇볕이 들었고 감독선생님이 왠지 네 곁에만 붙어 있어 네 신경에 거슬렸기 때문이지. 나라고 해서 항상 좋은 일만 있으리라는 망상을 가져서는 안 된다는 것을 알면서도 쉽게 포기할 수는 없었겠지.

그런데 우리 주변에는 너무나 승리만 강조하는 분위기가 만연해 있구나. 마치 지는 것이 죄악이라도 되는 듯이 말이다. 그래서 "지피지기면 백전백승"이라느니, 혹은 '패자부활전'이라느니, 또 성공하는 법에 관한 '성공학'도 유행하잖니? 하지만 이런 것들은 모두 '승리 지상주의'에 불과하다고 할 수 있지 않겠니. 언제, 어디서나 이길 수 있고, 또 반드시 이겨야 한다는 '승리 지상주의'가 너 자신을 휘감고 있는 것은 아닌지 궁금하구나.

카인과 아벨

구약성서에서 카인과 아벨의 이야기를 아니? 사냥꾼인 카인과

농사꾼인 아벨은 하느님께 누가 더 정성스럽게 제사를 드리는가 하는 경쟁을 했지. 그 결과 승자는 아벨이었다. 하지만 자신의 패배를 받아들일 수 없었던 카인은 아벨을 들로 데리고 나가 때려 죽였지.

최선을 다했지만 억울하게도 경쟁의 희생양이 된 아벨과 부정한 방법으로 경쟁자를 물리치고 살아남은 카인. 넌 결코 카인처럼 살아서는 안 된다.

네가 경쟁에서 낙오했다면, 그 패배를 있는 그대로 받아들여라. 불공정한 심판 때문에 졌다든지 불공정한 시험 때문에 졌다고 생각하고 패배를 받아들이지 않는다면, 패배의 후유증과 상처는 의외로 커질 수 있다.

또 패배에 대하여 친근하게 생각해야 한다. "나의 사전에 패배라는 글자는 없다"는 식으로 자만해서는 안 된다. 너는 스스로를 특별한 존재라고 생각하고 무언가 특권이나 은총 같은 배려가 있을 것으로 자만하지는 않았니? 물론 그런 태도는 자신감과 의지력의 표현일 수 있겠지만, 한편으로 오만함의 표시일 수도 있다.

중요한 것은 지는 법을 배워야 하는 것이다. 이기는 법만 배우고 이긴 다음에 내가 어떻게 승리의 소감이나 수상 소감을 표현할까 하고 마음이 들떠 있을 때 패배의 비보가 들린다면 어떻게 하겠니? 또 그런 일은 드물게만 일어나는 것은 아니지. 승리만 준비할 것이 아니라 패배에 대하여도 준비해야 하는 까닭이 바로 여기에 있다.

유도에서도 선수들은 남을 쓰러뜨리는 방법보다 자신이 안전하게 떨어지는 이른바 '낙법'을 먼저 배운단다. 그것이야말로 패배에 대하여 착실하게 대비하는 태도라고 말할 수 있지.

특히 패배에 대하여 낯설게 생각하는 경우는 항상 경쟁에 이겨 성공과 승리에 익숙해져 있는 경우다. 성공과 승리에 익숙해져 있는 사람은 단 한 번의 실패에도 마음을 가누지 못하고 무너져버려 인생의 패배자로 전락할 가능성조차 배제할 수 없구나.

패배란 그 자체만 빼면 별것 아니다

패배라는 것은 패배, 그 자체만 빼면 별 것 아니다. 중요한 것은 패배를 통해서 더 많은 것을 배울 수도 있고 또 잃을 수도 있다는 것이지. 패배를 통해서 네가 자신을 잃고 자신의 능력을 의심하며 방황하고 자신을 믿지 못하게 된다면, 그것은 패배를 통하여 네가 잃을 수 있는 최악의 것이라고 할 수 있다.

실상 패배를 통해서 잃을 수 있는 것이라면, 상 받을 기회, 칭찬 받을 기회, 혹은 취직할 자리, 원하는 학교에 갈 기회가 사라졌다는 정도가 아니겠니? 그런데 네가 패배를 통해서 자신을 잃고 희망도 잃고, 또 삶의 생기를 잃는다면, 잃어서는 안 되는 것을 잃는 거야. 얼마나 비참하고 슬픈 일이니. 그렇다면 패배를 통하여 얻을 수 있는 것은 무엇이겠니?

우선 너 자신을, 네가 살아온 삶을, 네가 설정한 삶의 목표를 적어도 한 번 돌이켜보고 반추할 수 있는 기회를 얻을 수 있다는 것 아니겠니? 이것을 통해 네 삶의 좌표가 달라질 수 있고 투지가 더

생길 수도 있고 또 겸손해질 수도 있지. 이건 정말 인생에 있어 값진 기회가 아닐까? 승리할 때는 이러한 것을 배울 수 없다.

그리고 보면 패배란 단순히 졌다는 것 이상의 그 무엇을 내포하고 있단다. 이건 실패에 마음이 찢기고 슬픔에 젖은 너를 위로하고자 하는 말이 결코 아니다.

승리 이데올로기의 포로가 되지는 말아라

패배란 쓰라린 것이지. 패배와 실패를 하고 미소를 머금을 수는 없는 노릇이야. 그러나 인생에서 승리와 성공만 하고 살 수는 없다. 그것이 마치 산에 오르는 것과 마찬가지야. 우리는 희망에 차서 산에 오르지만 산 정상에 오르면 내려올 수밖에 없는 것이 아니냐. 또 찬란한 태양이 있다면, 어두운 밤도 찾아오는 것 아니겠니.

그렇다고 너에게 거창하게 '성공학' 대신에 '실패학'을 설교하고 싶은 마음은 없구나. 다만 실패와 패배는 우리가 살면서 피해갈 수 없는 감기나 홍역과 같은 것이지. 병을 앓고 난 사람은 면역이 생겨 더 건강할 수도 있지. 물론 모든 사람이 그런 것은 아니란다. 때로는 너무나 건강했던 사람이 한 번 병에 걸려 영영 일어나지 못하는 경우 또한 있다.

너는 이기는 법도 배워야 하지만, 지는 법부터 배워라. 지는 법을 몰라 불행을 자초한 카인을 반면교사로 삼아라. 이것은 자신의 승리에 항상 자신 없어 하는 패배주의자가 되라는 것이 아니다. 오만하기 짝이 없는 '승리 이데올로기'의 포로가 되어서는 안 된다는 뜻이다. 패배란, 패배 그 자체만 빼면 별것 아니라는 말을 다시 한 번 강조하고 싶구나.

CHAPTER

10

성공의 비밀, 실패의 비밀

거만한 사람은 타인과 거리를 두다 타인이 자신에게는 작게 보이기 때문이다
그러나 결국 자기 자신도 그들에게 작은 크기로 비춰진다는 것을 잊고 있다.
- 찰스 칼렌 콜튼 -

너는 성공의 단 과일을 맛본 적이 있지. 황금의 씨앗을 뿌리고 각고의 노력 끝에 그 결실을 거둔 느낌이 어떠냐? 네 성공 뒤엔 노력과 피눈물나는 인내, 기다림이 있었구나.

　　열매는 맺었고 너는 정상에 올랐다. 비록 그 봉우리가 이 세상에서 가장 높은 산의 봉우리가 아니라고 해도 멋있는 작은 봉우리에 도달한 느낌이 어떠냐? 뿌듯하지? 고단한 긴 항해 끝에 원하는 목적지에 도달한 느낌을 어떻게 말로 표현할 수 있겠니.

　　너의 성공을, 비록 작지만 의미 있는 성공을 마음껏 축하한다. 하지만 이 성공과 환희의 순간에 네가 생각해야 할 것이 있다. 다른 사람들 또한 황금의 씨앗을 뿌리고 물과 거름을 주는 데 정성을 다했지만 황금의 결실을 거두지 못하고 보잘것없는 결실만 맺은 사람도 있단다. 또 황금의 씨는 그들이 뿌렸는데 정작 황금의 결실을 차지한 사람은 다른 사람인 경우도 있더구나.

　　그렇다면 성공한 너와 실패한 그들과의 차이는 무엇이란 말이냐? 네가 한 노력은 진지하고 성실했던 반면, 그들이 한 노력은 불성실해서 그런 차이가 났던 것일까? 혹은 너는 주어진 기회를 잘 포착하고 효율적으로 이용하였는데, 그들은 기회를 적절하게 포착하지 못했기에 결실을 맺지 못했단 말이냐?

아마도 그렇게 주장한다면 그들은 기필코 항변할 것이다. 우리도 혼신의 힘을 다하여 노력했고 그 노력은 진지했었노라고…… 하지만 운이 따르지 못한 것뿐이라고. 혹은 운은 따랐지만, 불행하게도 '행운'이 아니라 '불운'이었다고.

노력과 성공 사이의 비밀, 운

너의 성공에는 행운이 따랐고 그들의 실패에는 불운이 따랐다는 그들의 항변을 어떻게 생각하니. 사실 네가 본 것처럼 상대방들도 노력을 한 것은 사실이 아니겠니.

그렇다면 나는 네가 그들의 항변에 경청했으면 한다. 즉 너의 성공에는 행운의 여신이 웃었고 그들의 실패에는 행운의 여신이 고개를 돌렸다는 것 말이다.

너는 어떤 노력이 성공으로 이어지고 또 어떤 노력이 실패로 추락한다고 생각하니? 노력의 질이냐, 노력의 성실성이냐, 아니면 노력의 타이밍이냐? 아니다. 그 모든 것은 결국 결과에 의해서 가늠되는 것이 아니겠니. 즉 성공으로 이어진 노력이 양질의 노력으로 평가받고 실패로 추락한 노력은 부실한 노력으로 평가받는다면, 공정한 평가라고는 말할 수 없다. 결과론적인 평가이기 때문이지. 결과를 보고 내리는 평가는 누구나 할 수 있는 게 아니겠니.

노력과 성공 사이에는 어떤 알지 못할 고리가 있다고 생각해 볼 수 있다. 네가 통제할 수 없고 네가 영향력을 줄 수 없는 것. 그건 참으로 미스테리한 것이 아닐 수 없다. 그것을 '운' 이라고 하면 어떻겠니.

예를 들어 모든 학생들이 열심히 청소했는데 유독 네가 열심히 청소하고 있는 모습이 선생님 눈에 띄어 착한 일을 한 모범학생으로 상을 받는다면, 그것은 바로 '그 때' '그 장소' 에서 '그 선생님' 이 너를 보게 된 우연, 즉 행운 때문이라고 말할 수 있지 않을까.

또 다른 사람도 떠들고 너도 떠들었는데 유독 네가 떠드는 모습이 선생님의 눈에 유난히 띄어 골칫거리로 낙인찍혔다면, 그건 바로 '그 때' '그 장소' 에서 '그 선생님' 이 떠드는 너를 보게 된 우연, 즉 불운 때문이라고 말할 수 있을 것이다.

토끼의 불운과 거북이의 행운

너는 토끼와 거북이와의 경주를 잘 알고 있겠지. 거북이의 승리에 거북이의 끊임없는 노력이 작용한 것은 누구라도 인정하는 사실이다. 하지만 그렇다고 하더라도 거북이의 끊임없는 노력이 승리의 '필요조건' 은 될 수 있겠지만, '충분조건' 이 될 수는 없다고 생각한다. 왜냐하면 거북이가 승리한 데는 토끼의 잠 또한 큰몫을 했기 때문이다.

그렇지만 한편으로 생각해 보렴. 토끼가 그 중요한 경기에서 잠이 들었다는 게 도대체 믿어지니? 게다가 잠을 자도 잠깐 잤으면 문제가 없는 것인데, 경기중에 그렇게 깊은 잠에 빠질 수 있는 게 이상하지 않니?

영민한 토끼가 경기중에 잠이 들었고 또 거북이가 결승점에 도달하기 전까지 깊은 잠에 빠져 있었다는 것은 거북이에게 행운이, 토끼에게는 불운이 따랐다는 점 이외에 다른 것으로는 설명할 수 없단다.

또 흥부전에서 알고 있는 것처럼 흥부가 제비다리를 고쳐주는 착한 일을 한 것은 사실이지. 하지만 그 작은 착한 일 때문에 수많은 황금의 박을 켤 수 있는 박씨를 그 보상으로 받는다는 것을 어떻게 설명할 수 있겠니? 물론 흥부의 선행이 있었지만, 그것만으로 부족하다. 결국 행운의 여신이 흥부에게 미소지은 것이라고 보아야 하지 않을까.

너의 성공에서 행운의 이야기를 꺼낸 것은 이제부터 무슨 일을 하기 전에 신문에 매일 나는 '오늘의 운세'를 보라거나 점보는 집에 가서 점쟁이와 상담하라는 것이 아니다. 행운이란 결국 네 노력에서는 설명할 수 없는 부분이니깐, 그것까지 네 것이라고 자랑할 수는 없다는 것이야.

그렇다면 성공의 순간, 너는 네 몫이 아닌 것에 대해서 인정하고 겸손해야 한다. 자신의 성공에 대해서 전적으로 자신이 잘나서인 양 생각하고 "나를 보라"고 외치는 사람들은 성공과 승리의 본질을 정확하게 파악하지 못하는 사람들이란다. 노력과 성공 사이의 고리에 대해서 네가 설명할 수 없는 부분이 있다는 것, 이 사실은 매우 중요하다.

성공했을 때 행복에 마음껏 취하고 희열을 느껴야 하겠지만, 행복과 성공이 떠날 때를 염두에 두고 겸허해야 한다. 그리고 닥쳐올 불행까지도 기꺼이 맞을 준비를 해두어라.

네 성공에 대해서 우쭐대지 않고 겸손할 수 있겠니? 또 성공하지 못하고 실패한 사람에 대해서 노력을 하지 못했다고 비난하기보다는 그들의 불운에 대하여 진정으로 동정할 수 있겠니? 그렇다면 너는 성공 속에 들어 있는 운의 본질을 정확하게 꿰뚫어 보고 있는 셈이다.

성공의 실체

아직까지 그리 길지 않은 네 인생을 살아오면서 나름대로 단맛과 쓴맛을 보았겠지. 단언하지만, 앞으로 펼쳐지는 생활도 단맛과 쓴맛을 골고루 맛본다는 점에 있어서는 과거와 다를 바가 없을 것이다.

쓴맛과 단맛이 이렇게 순환되는 것이라면, 설탕을 탄 커피잔에 빠져 죽는 파리야말로 쓴맛과 단맛을 다 본 전형적인 존재가 아니겠니. 그러나 인생에 있어서 쓴맛과 단맛은 커피잔에 빠진 파리의 그것과는 비교할 수 없을 정도로 심각한 것이다. 단맛을 보았을 때는 하늘을 날 것 같은 기분이기도 하다가, 쓴맛을 보면 하늘이 무너지고 땅이 흔들리는 느낌을 주체할 수 없는 것이 사실 아니냐.

흔히 살다보면 단맛은 성공했을 때, 좋은 업적을 일구어냈을 때

만끽할 수 있는 것이고 쓴맛은 실패했을 때, 참패했을 때 가지게 되는 열패감이다. 쓴맛을 볼 때는 정작 죽을맛이 아니었니? 그러니까 오만상을 찡그릴 수밖에 없겠지.

성공이란 무엇이고 실패란 무엇이냐? 성공과 실패의 실체가 있기나 한 건지……. 딱히 실체는 없고 그렇게 보이는 것뿐이라고 생각할 수는 없겠니? 성공이란 공연히 많은 사람들이 잘했다고 혹은 부럽다고 생각하는 것이고, 실패란 많은 사람들이 안됐다고 생각하는 정도에 불과한 것은 아닐까.

이렇게 말할 수 있는 것은 성공이라고 했던 것도 얼마 후에 보면 실패의 단초가 되고 또 실패라고 좌절했던 것도 따지고 보면 성공의 여명이라고 볼 수 있는 경우가 많기 때문이다. '새옹지마'라는 말이 생긴 지는 오래되었건만, 오늘날까지 매력적인 명제로 우리 입에 오르내리는 이유도 따지고 보면 그것이 가지고 있는 현실적인 특성 때문일 것이다.

구태여 어떤 걸 보고 성공이라고 하든, 혹은 실패라고 하든 그건 실체와 관련된 것이 아니라 문제의 현상을 어떻게 포장하느냐에 따라 달라질 수 있다는 점이 중요하다.

'반 잔밖에' 안 되는 물, '반 잔씩이나' 되는 물

이런 특성을 인지심리학자인 트벨스키와 카네만 교수가 실험을 통하여 발견해냈다. 특히 카네만은 2002년도에 노벨경제학상을 받은 학자다. 그들은 X와 Y라는 두 개의 실험약을 놓고 환자들에게 X라는 약은 20%의 치사율을 가지고 있는 약이라고 설명하고, Y라는 약은 80%의 완치율을 가지고 있는 약이라고 설명을 했지. 그후 환자들에게 어떤 약을 먹겠는가 하고 물어봤더니, 대부분의 환자들이 20%의 치사율을 가지고 있는 X라는 약보다는 80%의 완치율을 가지고 있는 Y라는 약을 선택했다.

이 결과가 재미있지 않니? 따지고 보면 X약이나 Y약은 다 같은 치사율과 완치율을 가진 약이다. 같은 약이라도 어떻게 설명하느냐에 따라 그 효과를 달리 평가한다는 것이 입증된 셈이지. 그들은 이러한 현상을 '틀짜기(framing)'라고 명명했다. 즉 내용물 자체보다는 그것을 어떻게 포장하느냐에 따라 달라진다는 것이 그 핵심이다.

너도 살아오면서 이런 사실을 관찰해 보지 않았니? 네 앞에 반 잔의 물이 있다고 치자. 너는 이 반 잔의 물을 보고 어떻게 말할 거니? "반 잔씩이나 물이 차 있구나" 하면서 긍정적으로 말할 거니, 아니면 "에게, 반 잔밖에 물이 없네" 하고 실망스러운 말을 할 거니? 나는 네가 "반 잔밖에 안 되네" 하고 실망하기보다는 "반 잔씩이나 되다니" 하며 희망에 찬 말을 하기를 바란다.

엄마와 나도 너를 키울 때 네가 학교에서 시험점수를 받아오면 긍정적인 방식으로 틀짜기를 했다. 언젠가 너는 영어시험에서 3개를 틀렸었지. 그때 엄마와 나는 "얘! 너는 어떻게 세 개씩이나 틀렸니"라고 말할 수도 있었지만 "세 개밖에 안 틀렸구나"라고 말했지. 순간 안도하는 네 얼굴을 역력히 볼 수 있었다. 만일 "어떻게 세 개씩이나 틀렸어?'라고 반문했다면, 너는 얼마나 기가 죽었겠니.
그렇다면 이제부터 너 자신에게도 긍정적인 틀짜기를 해보렴.

"다음 배가 내가 타야 할 배"

왜 시험에서만 틀짜기가 있겠니. 살다보면 엘리베이터를 타야 할 때도 있고 전철을 타야 할 때도 있으며 또 버스를 타야 할 때도 있지 않겠니. 특히 전철을 타려고 허겁지겁 계단을 뛰어 내려왔는데 전동차가 문을 닫고 막 떠날 때 네 마음은 어땠니? '저 떠나가는 전동차야말로 내가 탔어야 할 전동차인데, 그걸 놓쳤구나' 하면서 발을 동동 구르지 않았니. 아마도 놓친 전동차는 '내가 타야 할 전동차'라고 틀짜기를 해놓아서 그런 조급하고 야속한 마음이 생긴 것은 아닐까?

나도 한동안 그 조급한 틀짜기에서 벗어나지 못하다가 『무소유』의 저자인 법정 스님의 해법을 읽어보고 문득 깨달은 바가 있었다. 법정 스님도 예전에 배 시간을 맞추어 나루터에 다다랐으나 배를 놓치고 마는 경우에 종종 직면했는데, 스님은 그때마다 '내가 너무 빨리 왔구나. 본래 다음 배가 내가 타야 할 차례'라고 하며 마음을 달랬다고 한다. 이 얼마나 여유 있는 틀짜기냐!

성공과 실패도 이처럼 틀짜기를 할 수 있지 않겠니? 하나의 현상을 놓고 성공으로 혹은 실패로 틀짜기하는 것도 바로 너한테 달려 있다. 혹시 절망적 위기상황이라도 단련의 기회로 틀짜기할 수 있지는 않을까? 그래, 사람에게는 누구나 눈물 젖은 빵을 먹을 수밖에 없는 절망의 계절이 있게 마련이란다.

절망은 '희망' 의 또 다른 이름

너라고 눈물 젖은 빵에서 예외가 될 수는 없지. 하지만 더 이상 내려갈래야 내려갈 수 없는 절망의 나락에서, 절망은 희망의 또 다른 이름이라고 틀짜기를 할 수 있다면 죽을힘을 다해 뛸 수도 있고, 그러다 보면 절망은 어느덧 사라질 수 있을 것이라고 말하고 싶구나. 또 "한 번 꺾일 수는 있지만 영원히 쓰러지지는 않는다"고 되뇌일 수도 있다.

잊지 말아라. 절대절망으로 너를 옭아매는 불행이란 사실상 없다. 완벽한 수문장이 골대를 지키고 있어도 골이 들어갈 수 있는 여지는 항상 있기 때문이지. 다만 사람들이 절대절망의 상황으로 틀짜기를 함으로써 벗어날 길이 있는 데도 지레 겁을 먹고 절망해버리는 것에 불과할 뿐이다.

나는 네가 '절망의 틀짜기' 보다 '희망의 틀짜기' 를 하기 바란다. 절망에 주눅들기보다는 절망의 틀짜기에 주눅드는 사람이 많은 법이다. 적어도 너만은 절망의 틀짜기를 하지 말아라. 또 네 자신이 해놓은 절망의 틀짜기에 속지 않았으면 하는 바람이다.

아름다워라, 가을에 피는 꽃

추석을 지내고 나니 가을이 완연하구나. 비까지 오고 나니 아침과 저녁 기온이 사뭇 다르구나. 쌀쌀한 바람까지 불면서 가을을 재촉하고 있고 어느덧 요란하던 매미소리도 뚝 그쳤고 사방에 귀뚜라미 소리만 들릴 뿐이다. 이렇게 소리 없이 계절이 바뀌다니…….

아마도 가을을 가장 잘 만끽할 수 있는 곳이라면 농촌의 들녘이 아닐까. 전원생활도 그럴 터이다. 전원생활이란 그 어떤 생활양식보다도 자연을 가장 친근하게 벗할 수 있는 삶의 현장이다. 한 해의 농사를 마무리짓고 고마운 마음을 주체하지 못해 밖에 나온 농민이 온통 대하는 것이라곤 가을의 하늘이고 가을의 산, 가을의 벌판이다.

하지만 도시에 산다고 해서 가을을 느낄 수 없는 것은 아니구나. 노랗게 변하는 은행나무 잎을 보면서 여름이 가고 가을이 온 것을 체감한다.

하지만 뭐니뭐니해도 가을에 피는 꽃을 만날 수 있다는 것이 놀라움이라면 놀라움이고 설레임이라면 설레임이다. 코스모스가 하늘거리는가 하면 들국화가 흐드러지게 피어 있다. 딱히 누구더러 보아달라고 피어 있는 꽃은 아니지만, 소리 없이 작은 아름다움을 발산하고 있는 가을꽃은 유난히도 지나가는 사람들의 눈길을 잡아끌고 있구나. 나도 길가 한구석에 피어 있는 코스모스에 이끌려 가던 길을 멈추고 한참동안 바라보았다.

생각해 보면 가을꽃은 특이하다. 아침저녁 날씨가 쌀쌀해지고 하루해도 눈에 띄게 짧아져 가는 계절, 제비도 강남으로 날아가려고 분주하게 날갯짓을 하고 있는 이 때에 하필 찬란한 꽃을 피우고 있다니……. 놀라움의 극치이며 자연의 신비가 아닐 수 없다.

실상 꽃들의 계절은 봄이 아니겠니. 그래서 그런지 정말 수많은 꽃들이 봄을 탐내고 5월을 손꼽아 기다리고 있다. 철쭉도 개나리도, 벚꽃도 화사하게 피어나는 계절이 봄이다. 사람들이 봄꽃을 좋아하는 것도 그 화사함에 취하기 때문일 거야. 봄꽃맞이 축제는 있지만 가을꽃맞이 축제가 없는 까닭도 여기에 있지 않을까.

가을은 어떤 계절이냐? 그리스 신화를 보면 가을은 죽은 자를 다스리는 하데스에게 납치된 아름다운 처녀 '페르세포네'가 봄에 지상으로 올라왔다가 다시 돌아가는 계절이다.

봄에 환한 꽃과 눈부신 초록을 몰고 왔던 페르세포네가 거리에 나뒹구는 낙엽을 밟으며 우울하고 어두운 세계로 돌아가는 가을. 어찌 외롭고 쓸쓸하지 않겠니. 그래서 가을은 지는 계절, 풍성했던 나무들이 버려야 할 것이 무엇인지를 깨닫게 되는 계절이다. 결국 단풍과 낙엽의 계절일 뿐이지.

구경이 있다면, 단풍놀이가 고작 아니겠니? 단풍놀이는 즐겁지만, 우수가 배어 있는 놀이다. 그래서 그런지 가을에 피는 꽃은 새로운 경험이고 하나의 신비스러움으로 다가오는 것 같구나.

가을에 피는 꽃이 봄에 피는 꽃보다 더 정답게 느껴지지 않니. 가을이 피는 꽃이 봄에 피는 꽃보다 훨씬 더 인상적으로 다가오는 것은 아마도 남들이 봄에 꽃을 피울 때 묵묵히 참고 기다렸기 때문일 거야.

행여나 가을꽃들에게도 속내가 있었다면 봄에 피는 꽃들을 가까이 지켜보면서 샘을 내고 초조해하지는 않았을까. 가을꽃들의 가슴속에는 남들이 찬란하게 꽃을 피우는데, 나만 뒤떨어져 영영 꽃을 못 피우는 것은 아닌가, 혹시 외톨이가 되는 것은 아닐까 하는 초조함과 안타까움이 분명히 있었을 것이다.

아마도 가을꽃들을 가장 괴롭힌 것은 '나는 영영 꽃을 피우지 못하는 게 아닐까' 하는 불확실성이었을 것 같구나. 그 불확실성은 아마도 가을꽃 키의 머리끝자리까지 또 가을꽃 몸무게의 소수점 끝자리까지 괴롭혔을 것이다.

과연 그 불확실성에 대하여 누가 자신 있게 대답해 줄 수 있겠니? 바람일까, 태양일까, 그것도 아니라면 대지일까? 피지 못하는 꽃이야말로 울지 못하는 매미, 날지 못하는 새처럼, 꽃의 가슴앓이 가운데 가장 가슴 아픈 일일 것이다.

다른 꽃들은 풍요의 땅에 뿌리를 내렸는데, 나는 황무지에 버려진 것은 아닐까 하는 의구심. 그래도 묵묵히 때를 기다렸고 마침내 때 늦은 가을철에 드디어 꽃을 피운 것이다. 그러기에 더 대견스럽고 놀라움을 자아낸다. 이것이 네게 말하고 싶은 가을꽃의 사연이다.

봄의 꽃은 이미 지고 없는데, 남들은 겨우살이를 걱정하며 움츠러들고 있는데, 가을꽃만이 늦게나마 찬란한 청춘의 꽃을 피우며 삶의 정상에 우뚝 올라선 것이다. 맑고 높은 가을 하늘과 대비되는 들판의 가을꽃, 길가에 핀 코스모스는 그러하기에 더욱 우리 가슴을 저리게 한다.

너는 가을꽃이니, 봄꽃이니?

그렇다. 네게도 너의 때가 있을 것이다. 남들이 이름을 뽐내고 출세하는데 나는 지체하고 있다고, 남들은 잘나가는데 나는 정지해 있다고 초조해하거나 실망할 필요는 조금도 없단다. 남들이 꽃을 다 피우고 시들해졌을 때 너는 비로소 네 꽃을 피울 것이다. 이 얼마나 멋진 일이니. 늦은 게 무슨 상관이겠니.

나는 궁금하다. 너는 가을꽃일까, 봄꽃일까? 물론 네가 나보다 더 궁금하겠지. 하지만 중요한 것은 네가 꽃을 피울 의지만 있다면 언젠가는 꽃을 피울 것이라는 사실이다. 네가 지금은 반에서 주목받지 못한다고 해도, 선생님한테서 칭찬받은 적이 없다고 해도, 특출한 재주와 머리가 없는 것 같다고 느낄 때도, 또 행동이 굼뜨고 느리다는 핀잔을 받아도, 그렇게 서러워하거나 절망할 필요는 없다. 너의 때가 아직 오지 않았기 때문이지.

너는 봄꽃이 아닐지도 모른다. 하지만 네 꽃이 필 때는 지금이 아니라 나중인 것을 알고 있는 이상, 네 삶의 가을이 왔을 때 꽃을 피울 것은 확실하다.

CHAPTER

11

진정한 용서는 적대감의 퇴출

남의 조그만 허물을 꾸짖지 않으며, 남의 사사로운 비밀을 폭로하지 않으며,
지난날 남이 저지른 잘못을 생각하지 말라.
- 채근담 -

네마음이 아파보이는구나. 마음이 아픈 걸 어떻게 아냐고? 네가 말을 안 해도 네 얼굴이 이미 말을 하고 있단다. 친구하고 싸웠니? 친구가 너에 대한 흉을 보고 다녔니?

네 얼굴이 수척하구나. 밤에 자다가 보니 매우 흥분한 상태로 잠꼬대를 하고 있었다. 엄마는 그런 너를 포근히 감싸주었지. 하지만 아침에 너를 보아도 가슴에 섭섭함과 야속함 그리고 증오가 배어 있는 것이 역력하다.

어느 비 오는 날, 자동차가 흙탕물을 너에게 튀기며 지나가면 그 차가 밉겠지. 할 수만 있다면 그 차를 쫓아가서 운전자에게 사과하라는 말을 해주고 싶지 않니. 또 네가 버스에서 자리가 생겨 자리에 앉으려고 하는데 어떤 아주머니가 갑자기 밀고 들어와 염치 없이 자리에 앉으면 그 아주머니가 얄밉지. 또 길가에서 담배를 물고 가던 사람의 담배재가 날아와 네 얼굴에 묻어도 태연하게 걷고 있는 사람을 보면 그 사람의 꼴도 보기 싫겠지.

왜 그렇지 않겠니. 너는 잘못한 게 없고 일방적으로 당한 셈인데. 하지만 그런 사람에 대해서 미운 감정을 느낀다고 해도 그 미움은 깊은 한으로 남는 건 아닐 거야. 사람은 멀쩡하게 생겼는데 인품은 이것밖에 되지 않았는가 하여 실망스럽고 괘씸하며 황당할 뿐, 깊은 증오와 미움, 원망이 스며들 이유까지야 없지 않겠니.

정말로 가슴 아픈 사연들

정작 네가 깊은 미움과 적대감에 괴로워하고 있는 것은 누구 때문이니? 그것은 오랫동안 네가 사귀고 정을 나누던 네 친구 때문이 아니니?

그 친구에게 마음도 털어놓고 기대와 소망, 고민도 같이 나누곤 했는데, 또 그와 진지한 얘기, 구차한 얘기, 내밀한 얘기, 시시껄렁한 얘기, 눈물나는 얘기, 재미있는 얘기들을 나누었는데, 어느 날 그는 다른 친구를 찾아 떠났구나. 뒤도 돌아보지 않고 그동안 너와 같이 쌓아올린 정을 헌신짝처럼 팽개치고……. 너는 너무 허무했고 배신감에 치를 떨었지. 너무 분하고 억울해서.

어찌 그뿐이겠니? 또 다른 친구는 네가 망설이고 망설이다 털어놓은 비밀을 다른 사람에게 떠들고 다녔지. 이왕 엎질러진 물이니 어떻게 할 거니? 네가 정을 주던 친구가 그런 몹쓸 짓을 하다니, 어떻게 그런 친구를 용서할 수 있겠니?

다시는 그 친구를 보지 말자, 내가 사람을 잘못 보았구나 하는 마음. 이 미움의 문제는 어쩔 수가 없겠지. 섭섭한 마음, 배신감, 공정한 대우를 받지 못했다는 마음의 상처.

그 미움은 한동안 사라졌다가도 갑자기 활화산처럼 불을 내뿜기도 하지. 또한 어떤 때는 그 사람 때문에 내가 이런 불행과 고통의 나날을 보내고 있구나 하는 회한과 원망도 가득해진다.

그때 선생님이 공개적인 자리에서 야단치지 않았더라면 내가 이렇게까지 엇나가지는 않았을 텐데…… 엄마가 나보다 오빠가 공부를 잘한다고 그렇게 편애하고 싸고돌지만 않았어도 내가 이렇게까지 절망감에 사로잡히지는 않았을 텐데…… 이런 원망들 말이다.

사랑 넘쳐 흐르는 곳에 미움 넘쳐 흐르네

두말할 나위가 없구나. 먼 사람보다 가까운 사람한테서 상처를 받는다는 사실 말이다. 가까운 사람에게서 따뜻하고 뜨거운 사랑도 느끼지만, 극심한 증오와 고통 또한 피해갈 수는 없지. 미움이 진실로 가까운 사람들 사이에 더 많이 존재한다는 것은 삶의 역설이 아닐 수 없다.

다정한 관계 속에서도 타인처럼 낯설고 원수처럼 미워하고 나그네처럼 외로워지는 것. 부모와 자식간에, 엄마와 딸 사이에, 친한 친구 사이에, 형제자매 사이에, 혹은 부부 사이에 뜨거운 사랑보다 깊은 미움이 존재할 수 있다는 걸 어떻게 이해할 수 있겠니.

이방인 사이에, 남남 사이에, 뜨거운 사랑이 있을 수는 없지만 미움도 잠깐뿐이다. 하지만 가까운 사이에는 많이 사랑했기 때문에 기대도 컸고 그 큰 기대가 배반당했던 만큼, 미움이 커지는 것은 당연한 일이 아니겠니. 그런데 그 미움이 너 자신에게도 그렇게 당혹스러운 것은 바로 상대가 한때 뜨겁게 사랑했던 사람이기 때문일 거야.

그 때문에 남에게 말하기도 어렵고 혼자서 눈물 흘리며 괴로워하게 된다. 너도 너의 비밀이 있지. 마음 속 깊은 곳에 있는 미움의 비밀. 왜 사랑의 가슴앓이만 있겠니? 미움의 가슴앓이도 이에 못지않지, 아니 더욱 더 심각할 수 있지.

하지만 그런 섭섭함과 미운 정을 두고 어떻게 마음의 평화를 유지할 수 있겠니. 네 마음 한 구석에 미움이 똬리를 틀고 있는데, 어떻게 다른 사람들과 고운 정을 나눌 수 있겠니. 가끔 잠을 자다가도 그 생각에 벌떡 일어나지 않았니?

네 마음 안에서 조용히 불타오르고 있는 증오와 미움을 떨쳐버리자꾸나. 잡았던 잠자리를 놓아주듯이……. 고운 정만 추억하고 미운 정일랑 태워버리자. 또 원한과 미움을 떨쳐 버릴 수 있는 계기를 만들자꾸나. 그렇다면 어떻게 그 계기를 만드냐고?

오! 애플 데이

네가 기념하고 즐거워하는 날이 많지 않니? 발렌타인 데이도 있고 화이트 데이도 있고. 또 어버이날도 있고 반창회날도 있잖니. 물론 생일날도 있고. 그렇다면 화해하고 사과하는 날도 한 번 정해보지 않겠니.

지금 생각났을 때 얼른 달력에 표시를 하려무나. 10월의 어느 하루를 '화해의 날' 과 '사과의 날' 로 정해 놓자. 그리고 2월 14일에는 초콜릿이, 3월14일에는 사탕이 넘쳐나듯이 그 '화해의 날' , '사과의 날' 에 빨간 사과를 보내면 어떻겠니. 가을은 빨간 능금이 넘쳐나는 계절이다.

옛날에는 아주 가까웠던, 그러나 지금은 서먹서먹하고 미움으로 가득 찬 사이가 되어버린 옛 친구의 주소를 찾아내어 그에게 사과도 보내고 이메일을 보내면 어떨까. 그도 빨간 사과와 이메일을 받고 깜짝 놀라 그동안 괴로워했던 마음을 접고 새삼 고운 정을 떠올리지는 않을까. 이 화해와 사과의 날을 계기로 새로운 봄날이 네게 찾아올 수 있지 않을까.

빨간 능금이 익어가는 계절인 가을, 오래 전 노래가 불현듯 생각나는구나. "가을엔 편지를 하겠어요. 누구라도 그대가 되어 받아주세요."

그에게 이메일을 통하여 용서한다는 글을 보내면 충분하겠니? 그래도 네 마음 속에 그에 대한 응어리가 남아 있을 것 같구나. 혹시 글은 보냈지만 막상 그의 얼굴을 보면 옛날의 분함과 울화가 다시 치밀어오를 것 같지 않니? 그렇다면 네 가슴속에는 용서와 화해하려는 따뜻함도 있지만, 그에 못지 않게 꺼지지 않는 분노와 미움이 잠복해 있구나. 하지만 진정으로 용서를 할 수도 있다는 걸 한번 생각해 봤니?

용서란 네게 잘못한, 혹은 잘못했다고 생각한 그 사람에게 어떤 축복이나 좋은 일이 될 수도 있겠지만, 그보다는 너 자신에게 축복이 된다는 사실을 강조하고 싶구나.

가시가 있는 용서

사실 네게 잘못한 사람, 회한을 남긴 사람에게 할 수 있는 가장 손쉬운 방법은 무엇이겠니? 그것은 복수가 아닐까? 물론 복수라고 해서 무협지에서 보는 것처럼 아버지를 죽인 불구대천의 원수를 방방곡곡으로 찾아다니다가 마침내 그를 찾아내어 죽임으로써 앙 갚음을 하는 을씨년스러운 복수는 아니다. 보다 세련되고 보다 정제된 형식의 복수도 얼마든지 있지.

세련된 복수의 방식을 취하는 사람은 앙갚음을 하겠다고 직설적으로 말하는 대신에 용서와 화해를 말하지. 하지만 그가 말하는 용서에는 가시가 있단다. 그런 사람은 흔히 이렇게 말한다.

"그 사람은 내게 너무나도 가혹한 고통을 줬지. 그래서 설령 '미안해'라고 말하더라도 그의 사과하는 말을 그대로 받아들일 순 없어. 물론 그가 진정으로 용서를 청하면 용서해 줄 용의까지 없는 건 아니야. 하지만 그 전에 내게 끼친 아픔을 남김 없이 보상해야 할 거야."

이렇게 마음 속으로 복수를 다짐하는 사람도 용서할 것이라고 말하거나 용서하는 몸짓을 보일 수는 있다. 하지만 이런 경우에 상대방에 대하여 느끼는 미움과 적대감은 남아 있을 가능성이 크고 오히려 더 불타오를 수도 있다. 용서한다는 말에도 불구하고 자신에게 해악을 끼쳤다고 생각되는 사람에 대하여 여전히 마음을 닫고 있기 때문이지.

탈리오의 법칙

흥미로운 것은 복수를 하면 속이 후련하고 시원해질 것 같은데 그렇지 않다는 점이다. 복수를 하면 상대방에 대한 증오와 적개감이 더 커질 가능성이 있다. 왜 그런지 아니? 복수를 하게 되면 상대는 과연 가만히 있을까. 오히려 반격을 하게 될 가능성이 있지 않겠니. 따라서 복수와 반격이 초래되면 갈등과 적개심이 확대되어 더 큰 재앙과 불행을 불러올 수 있다는 걸 기억해라.

왜 네게 잘못한 상대방에게 복수를 하면 그는 그걸 당연한 것으로 받아들이지 못하고 오히려 보복을 하려는 것일까? 이유는 간단하다. 고통받는 사람과 그 고통을 야기한 사람 사이에는 정확하게 균형을 잴 수 있는 저울이 없기 때문이지. 고통과 보상을 저울질하는 눈을 가진 '정의의 여신'은 없구나.

흔히 복수를 하려 할 때는 비교적 엄격한 상호주의 원리가 그 근거가 된다. "네가 내게 한 만큼 나도 네게 하겠다"는 것이지. 물론 이것이 '황금률(golden rule)'로 나타날 수도 있지만, 고통의 경우에는 "눈에는 눈, 이에는 이"라는 탈리오의 법칙(lex talionis)이 통용될 수도 있다.

하지만 과연 현실 세계에서 "눈에는 눈, 이에는 이"라는 엄격한 상호주의가 적절하게 시행될 수 있는가 하는 점은 의문이 아닐 수 없구나. "눈에는 눈, 이에는 이"라는 복수의 원리가 실패할 수밖에 없는 이유는 여우와 두루미의 만찬초대를 통해 알 수 있단다.

처음에 두루미가 만찬에 여우를 초대하지 않았겠니. 하지만 뾰족한 유리병에 음식을 내오는 바람에 여우는 하나도 먹을 수 없었다. 여우는 훌륭한 만찬이라고 사례했지만 미움이 남았지. 그후 여우는 두루미를 초대하여 납작한 접시에 맛있는 음식을 내왔단다. 물론 두루미도 먹을 수 없었지. 그렇다면 보복을 당한 두루미가 자신의 잘못을 받아들였을까?

유감스럽게도 이솝우화에는 그후에 대한 이야기는 없다. 하지만 분명히 말하지만, 두루미가 자신의 잘못을 받아들였을 가능성은 적다고 할 수 있지. 아마도 나중에 두루미는 여우를 초대하여 높은 나무 위에 유리병 음식을 내오지 않았을까? 그러자 여우는 깊은 굴 속에다가 음식을 차리고 두루미를 초대하겠지. 이쯤 되면 만찬 초대가 아니고 보복의 악순환이 되는 셈이다.

네게 잘못한 사람에게 복수를 하는 것이 항상 현명한 선택이 될 수 없는 이유는 보복의 적정선을 정하기 어렵고, 그 결과 보복의 악순환이 일어날 가능성이 농후하기 때문이다. 보복은 네게 평상심을 빼앗고 눈을 멀게 한다. 이 어찌 참담한 일이 아니겠니.

고통 참아내기

복수하는 것말고 참아내기도 있단다. 네게 잘못한 사람에게 복수하기보다는 그를 이해하고 네 고통을 참아내는 방식이지. 너는 그럴 때가 있지 않았니. 혹시 학교에서 친구들이 너를 공연히 외톨이로 만들었을 때 말이다.

한두 아이가 너에 대한 왕따를 주도했지. 너는 그 때문에 괴로워했고 가슴앓이를 했겠지. 네 영어사전을 빌려가고는 돌려주지 않고 또 네 노트를 보자고 하고는 찢어놓고……. 그에 대한 분노의 마음, 보복하고 싶은 마음으로 결국 선생님에게 찾아갔지. 그 때 선생님은 뭐라고 하셨니.

"그래, 그 아이가 조금 지나친 면은 있지만 근본적으로는 착한 아이야. 요즈음 아마 그 아이한테 스트레스가 심한 모양이지. 네가 조금 참아주면 그 아이는 다시 정상으로 돌아올 거야."

너는 선생님 말씀을 듣고 보복을 포기하고 참기로 하지 않았니. 그 친구를 용서하기로 한 것이지. 그러니까 너의 마음이 평화롭고 편해진 경험을 했잖니.

이 상황에서 유념해야 할 것이 있다. 참아주고 용서하는 것은 아름답고 좋은 일이긴 하지만, 네 마음 속에 있는 미움과 적대감의 문제를 적극적으로 해결한 것은 아니구나. 다만 네 마음 속에 미움과 적대감이 있는데 이를 외부로 드러내기를 주저하고 억압하고 있는 것에 불과하지.

이런 경우는 아마도 콩쥐가 자신을 괴롭히던 팥쥐나 팥쥐 엄마를 대면할 때마다 느꼈던 감정이라고 할 수 있을 거야. 콩쥐는 복수하고 싶은 분한 마음을 어떻게 다스렸을까?

아마도 팥쥐와 팥쥐 엄마로부터 학대와 천대를 받은 콩쥐는 배다른 동생이고 또 계모지만, 어쨌든 동생이고 또 엄마이기 때문에 분노보다는 애정으로 감싸야 한다는 당위적인 규범으로 마음을 다스리지 않았을까 생각된다. 결국 콩쥐에게 왜 계모와 팥쥐의 학대를 용서했느냐고 묻는다면 인간의 도리, 효도, 사랑과 같은 요소를 꼽을 것 같구나.

하지만 이 참아내기 방식이 항상 아름다운 것은 아니다. 오히려 다른 탈출방안이 없어 택하는 수동적이고 비겁한 방식일 수도 있다는 사실을 기억해라. 따라서 대책 없이 고통을 연장시킬 수 있는 최악의 상황이 될 수도 있다.

콩쥐의 경우에는 무너지게 될 절망의 상황에서 콩쥐도 상상하지 못할 기적이 일어났기 때문에 그 고통에서 탈출할 수 있었지. 밑 빠진 독에 물 붓기, 산비탈의 돌밭매기, 베짜고 곡식 찧기 등 어려운 일에 직면할 때마다 검은 소, 두꺼비, 직녀선녀, 새떼 등이 나와 콩쥐를 도와주었다.

그러나 네가 당하는 왕따 상황에서는 그런 기적을 기대하는 것이 무리가 아니겠니. 마술사는 손을 펼치면서 비둘기를 꺼내지만, 너는 손을 펴도 아무것도 나오는 게 없구나. 그런 기적도 기대할 수 없으면서 그냥 참는다는 것은 너 자신을, 너의 영혼을 무너지게 만들 수도 있다.

고무줄을 보아라. 어느 정도까지 잡아당기면 늘어나지만 일정한 한계 이상으로 잡아당기면 끊어질 수밖에 없는 이치를 알지? 너에게 가해지는 불의, 억울한 고통도 마찬가지야. 아무에게도 알리지 않고 너 혼자 참겠다는 것, 참다보면 기적과 같은 일이 일어날 수도 있다는 것. 그런 생각은 영웅적인 생각도, 현명한 생각도 아니다. 그건 다만 소극적인 생각일 뿐이고 너의 몸과 마음을 파멸에 이르게 할 수도 있단다.

미움의 진정한 퇴출

진정한 용서도 있다. 진정한 용서의 시작은 무엇인지 아니? 그것은 무엇보다 너의 고통을 솔직히 인정하는 것이다. 즉 너에게 고통을 주었던 그가 네 마음을 아프게 했었다는 사실을 스스로 인정하고 또 상대방에게도 알게 해야 한다. 네 마음이 아팠고 또 때로는 네 몸도 아팠다는 사실을 말이다. 눈물을 흘렸다는 사실도 숨기지 말아라. 또 "모두들 잠든 고요한 이 밤에 어이해 나 홀로 잠 못 이루나?" 하는 노래를 수없이 되뇌어보던 아픔의 이야기도 들려주어라.

네가 고통을 받지 않은 것처럼 행동해서는 안 된다. 그리고 그가 이 모든 사실을 인정할 때라야 너는 그에게 용서의 손길을 내밀 수가 있다.

그런 뉴스를 들은 적이 있지? 자신의 아들이 친구하고 서로 배 때리기 시합을 하다가 그만 죽었지 뭐냐. 아버지에게는 하늘이 무너지고 땅이 꺼지는 심정이었지. 아들을 죽인 친구가 얼마나 원수처럼 미웠겠니. 그 미운 마음과 증오심을 달래느라고 오랜 시간이 걸렸다. 이윽고 아버지는 그를 용서하기로 결정했고 죽은 아들 대신에 양아들을 삼았단다. 이것은 영웅적인 용서다.

사실 이 아버지는 자신이 죽은 아들 때문에 고통을 받고 있다는 사실을 결코 감추지 않았고 또 이 사실을 아들을 죽게 한 아들 친구에게도 알렸지. 그리고는 용서를 했다.

이런 용서는 증오와 미움으로부터 자유롭게 탈출하려는, 마음

깊은 곳에서의 결단이 아니겠니. 그것은 복수하는 것과 다르고 단순히 고통 참아내기와도 다르다. 즉 적대감과 증오심을 계속 마음속에 품고 있는 것을 중지하기로 결정했다는 점이 특이하구나.

진정한 용서의 의미는 적대감의 퇴출이란다. 이를 실천하는 사람들은 용서가 마음 속에서 자리잡고 있는 미움과 적대감 및 상처를 극복하는 긴 과정이라는 것을 깨닫고 있단다. 또한 상처를 준 가해자에 대하여 적극적 태도를 취하고 따뜻한 감정을 경험한단다. 용서한다는 말이나 제스처 등 외적인 용서 행위보다는 미움의 진정한 퇴출이 자신을 편안하게 해준다는 것을 잊지 말았으면 좋겠구나.

아픈 상처, 하지만 아름다운 치유

언젠가 제약회사 사장이 이런 체험을 한 일간지에 고백했단다.

"얼마 전 경쟁업체에서 우리 회사의 직원 10여 명을 스카우트해 간 적이 있었다. 그 결과로 우리 회사는 거래망이 붕괴되고 매출에 막대한 지장을 받았다. 우리는 부당한 인력 스카우트에 대해 상대 회사를 검찰에 고발했다.

그런데 한 가지 문제가 생겼다. 이 일로 인해 직장을 옮겨간 직원을 모두 해고할 수 있다는 소식이 들려온 것이다. 그들의 실적이 부진하다는 등의 얘기도 따라나왔다. 미우나 고우나 5년 이상 나랑 함께 한 직원들인데, 한 번의 판단 잘못으로 너무 심한 피해를 볼 것 같다는 생각이 들어 나는 새로운 결심을 했다. 이왕 옮겨간 회사이니 우리 직원들을 애초에 약속한 대로 대우해 주고, 해고도 하지 않는다면 고소를 취하하겠다고 상대 회사에 통보한 것이다.

그러자 옮겨간 직원에 대한 노여움도, 상대 회사에 대한 분노도 모두 사라졌다. 그 결정을 내리고 나서야 나는 아주 편안한 마음으로 숙면을 취할 수 있었다. 주변에서는 의외로 받아들이면서 다들 잘된 결정이라고 말했다. 바보스럽지만 슬기롭게 지는 것도 나쁘지 않다는 생각이 들었다."

네가 비록 상처를 받았지만 이런 진정한 용서를 할 수 있겠니? 용서하려면 네가 가해자로부터 고통을 받고 괴로워했다는 사실을 반드시 가해자에게 알릴 필요가 있다. 그냥 참아 넘기는 것만으로는 부족하다. 가해자에 대한 약자의 입장이 아니라 가해자에 대한 당당한 도덕적인 입장을 가져야 하기 때문이다.

그러니 잘못한 것은 가해자이고 상처를 받은 사람은 너 자신이라는 사실을 확인시켜라. 하지만 그후에 그에 대한 미운 감정을 없애도록 노력하면 어떻겠니.

잡았던 나비를 놓아주듯이 용서해라

용서의 진정한 힘은 상처받은 사람을 치유하는 능력에 있다. 심리학자인 스미디스의 다음과 같은 말을 음미해 보렴.

"그대의 마음을 상하게 한 어떤 사람을 용서할 때 그대는 영혼 안에서 정신적인 내과 수술을 하고 있는 셈이다. 그대는 그대를 괴롭혀왔던 나쁜 부분을 도려냄으로써 당신의 영혼을 고칠 수 있는 마술적 눈을 통하여 그대의 적을 볼 수 있다.

그대의 아픈 상처부위에서 그 나쁜 적을 떼어내어 버려라. 마치 아이가 잡았던 나비를 놓아주듯이……. 그리고는 그 사람을 다시 그대의 마음 안에 새롭게 초대하라. 그대의 기억을 사로잡았던 원한을 깨어버리고 마음 안에서 도도하게 흐르는 것 같았던 고통의 흐름을 반대편으로 돌려라.

용서한다는 것은 비록 용서하는 사람의 마음 안에서 눈에 보이지 않게 일어나는 것이지만 의식적이고 진솔한 퇴출행위다. 그것은 진솔한 판단과 진솔한 고통, 진솔한 미움과 함께 일어나기 때문에 진솔한 것이다.

진정으로 용서하는 사람들은 고통받지 않은 사람처럼 행동하지는 않는다. 아프고 괴로웠던 일이 아무렇지도 않은 듯, 행동하라는 것은 아니다. 결국 마술적 눈의 특징이란 열린 눈이라는 점이다."

CHAPTER

12

혼자만 옳다고 우기지 말아라

무리하게 남을 설복시키려 하지 마라. 모든 사람들은 설복 당하기를 싫어한다.
의견이란 못질과 같아서 두들기면 두들길수록 자꾸 깊이 들어갈 뿐이다.
- 스피노자 -

어제 너는 네 친구와 다투었지. 몹시 흥분한 모양이더구나. 다시는 그 친구와 만나지 않기로 했다면서. 너는 네 의견이 옳다고 했고 또 네 친구는 자신의 의견이 옳다고 주장해서 급기야 평행선을 달렸고…….

혹시 너도 틀리고 네 친구도 틀릴 수 있다는 생각을 해보지는 않았니. 그렇지 않으면 너도 부분적으로 맞지만 틀리는 부분도 있고 또 네 친구도 부분적으로는 맞지만 틀리는 부분도 있고……. 또 네 주장은 옳지만 그 근거가 옳지 않을 수 있고 또 네 친구의 논거는 옳지만 결론이 틀릴 수도 있고……. 이렇게 생각을 했다면, 네 친구가 네 의견에 동조하지 않았다고 해서 섭섭한 마음으로 헤어지지는 않았을 거야.

무엇이 옳고 무엇이 그른가?

사실 우리는 생활하면서 많은 생활 영역에서 옳은 것이 무엇이고 옳지 않은 것인지에 대하여 깨닫고 배우며 살아가지. 그래도 무엇이 확실히 옳고 정확한지에 대해서 불확실한 부분이 많단다.

네 생일은 3월 19일이지. 매년 그날이 되면 엄마와 나는 네 생일을 축하해 주곤 한다. 하지만 너는 그날이 네 생일인지 어떻게 확실히 알 수 있는 거니? 주민등록증상에 그렇게 쓰여져 있다는 사실 이상의 증거를 댈 수 없는 것 아니겠니. 하지만 주민등록증상에 그 날짜가 어떻게 기록될 수 있었겠니. 네가 말할 수는 없었겠지. 그것은 결국 엄마와 내가 네 생일을 3월 19일로 정하고 동사무소에 그렇게 말했고 너에게도 그렇게 말해서 가능한 거야.

너 자신으로는 네가 태어난 날이 있다는 것만 알 수 있을 뿐, 그 날이 3월 19일인지에 대해서는 확실히 알 수 없지. 바로 여기에 '사실적 불확실성'이 있는 거야. 네가 그후 학교에서 많은 걸 배웠어도 확실한 사실을 알지 못한다는 것이 조금 당혹스러운 일이기는 하지만, 그것이 사실인 걸 어쩌겠니? 물론 이 불확실성 속에서도 생일 축하파티를 열고 다른 사람들로부터 축하를 받을 수는 있다.

하지만 보다 엄중한 '규범적 불확실성'에 비하면 이 '사실적 불확실성'은 아무것도 아닐 거야. 어제 친구와의 다툼의 발단이 너는 사형제도를 폐지해야 한다고 주장했고, 네 친구는 사형제도를 폐지해서는 안 된다고 주장했다며…….

물론 이런 문제는 충분히 논쟁할 만한 가치가 있단다. 하지만 사형제도를 폐지해야 하는지 혹은 사형제도를 존치시켜야 하는지에 대해서 명쾌한 해답이 있다고 할 수는 없단다. 사형제도를 폐지해야 한다는 네 주장도 근거가 있고 또 사형제도를 존치시켜야 한다는 네 친구의 의견도 일리가 있다. 그렇다면 네 의견도 옳고 네 친구의 의견도 옳다고 할 수 있지 않니?

다원주의 받아들이기

여기서 그 유명한 황희 정승의 일화가 생각나는구나. 황희 정승이 두 여종이 싸우는 소리를 듣고 그 연유를 물어본 다음 둘다 옳다고 했지. 정승의 이상한 판정을 듣고 따지는 자신의 부인에게도 "부인의 말도 옳소"라고 했다는 구나.

글쎄, 황희 정승이 우유부단해서 그랬을까? 혹은 황희 정승의 판단력이 부족해서일까? 내 생각에는 황희 정승이 슬기로운 영의정으로 이름이 높았던 만큼 '사실적 불확실성' 과 '규범적 불확실성' 문제를 깊이 고민했던 결과가 아닌가 싶구나.

프랑스의 유명한 실존주의 철학자인 사르트르에게 하루는 젊은이가 찾아왔다. 까다로운 선택의 문제를 상담하기 위해서였지. 그는 늙은 어머니를 모시고 있었고, 나치스에 대한 레지스탕스 운동에도 참여하고 싶었단다. 그러나 그 두 가지를 한꺼번에 할 수는 없었기 때문에 사르트르에게 "어떤 대안이 좋겠느냐"며 조언을 구했던 것이지.

이에 사르트르는 "어느 것이나 그대가 선택하는 것이 옳다"고 답변을 했다. 사실 늙은 어머니를 모시는 효행도 가치 있는 일이고 또 위기에 처한 나라를 위하여 레지스탕스 활동을 하겠다는 충의의 행동도 가치 있는 일이 아니겠니.

결국 사르트르의 말은 이 두 가지 엇비슷한 가치를 가진 사안이 충돌할 때, 어떤 대안을 선택해도 옳다는 뜻이 아니었을까. 물론 자신의 늙은 어머니를 모시는 일이 아니고 이웃집에 살고 있는 아주머니를 돌보는 일이었다면, 사르트르의 대답은 달라질 수도 있었겠지. 자신의 어머니가 아닌 이웃집 아주머니를 돌보는 일과 레지스탕스 운동 사이의 선택이라면 레지스탕스 운동 참여가 보다 보람 있는 일이라고 단정짓지 않았을까. 그러나 효와 충은 서로 엇비슷한 가치를 지닌 사안이기 때문에 어떤 것을 선택하더라도 옳다고 할 수 있을 거야.

어떠니, 인생문제에서 정답이 두 개가 있을 수 있다는 것이 당혹스럽지 않니? 실제로 너는 시험준비를 하고 시험과 모의고사를 수없이 치면서 모든 문제에는 정답이 하나밖에 있을 수 없다고 은연중에 생각하지는 않았니?

하지만 네가 직면하는 인생과 사회의 허다한 문제는 그렇지 않구나. 답변이 단수가 아니라 복수인 경우도 참으로 많단다. 그러나 그렇다고 해서 내 말이 어떤 것이라도 옳고 허용된다는 '절대적 상대주의'라고 단정할 필요는 없다. 오히려 엇비슷한 가치가 공존할 수 있다는 점에서 '다원주의'라고 해야 하겠지.

다원주의를 받아들인다면 너와 의견이 다른 네 친구의 입장도 받아들일 수 있어야 한다. 이것이 바로 관용이다. 너만 옳고 다른 사람은 틀렸다고 할 경우 그건 독선이고 또 오만이 될 수밖에 없음을 기억해라.

너도 틀릴 수 있고 다른 사람도 틀릴 수 있다는 사실을 받아들일 때, 또 너는 부분적으로 옳고 부분적으로 틀리고 네 친구도 부분적으로 옳고 부분적으로 틀릴 수 있다는 사실을 받아들일 때 관용이 싹트는 것이지. 또 너와 친구, 둘다 옳다고 할 때도 관용이 가능하단다. 새삼 너만이 옳다고 우기기보다 남도 옳을 수 있다고 긍정하는 네 모습이 보고 싶구나.

참담했던 신들간의 다툼

『일리아드』를 읽어보았니? 그리스와 트로이간의 10년 전쟁을 읊은 대서사시, 『일리아드』. 그 치열한 전쟁 후 트로이는 완전히 멸망하고 말았단다. 그러나 그 전쟁 시작의 발단이 서로 제일 아름답다고 우기던 여신들간의 처절한 다툼이었다는 것을 이해할 수 있겠니? 하지만 사실인즉 그랬다.

문제의 발단은 펠레우스와 테티스와의 결혼식 청첩장에서 연유했구나. 모든 신들이 결혼식에 초대되었는데 딸의 행복한 결혼생활을 기원해 마지않던 제우스는 불화의 여신인 에리스에게만은 초대장을 보내지 않았다.

분에 못 이긴 에리스는 음모를 꾸몄다. 무적의 신인 제우스에게 감히 대들지는 못하고, 그 대신 신들의 세계에 불화를 일으키고자 한 거지. 결혼 피로연에 불청객으로 나타난 에리스는 황금사과를 좌중에 던지며 외쳤다.

"가장 아름다운 여신이 이 황금사과를 가질 지어다."

이 말을 기다렸다는 듯이 제우스의 아내인 헤라와 그의 아름다운 딸인 아테네, 아프로디테가 서로 그 황금사과를 잡으려고 달려들었단다. 서로가 자신이 가장 아름답다고 생각하고 있었기 때문이지. 이처럼 각기 황금사과가 자신의 몫이라고 다투는 상황에서 제우스는 그의 전능한 힘으로도 아내와 딸들의 다툼을 중재할 수 없었다.

결국 땅을 내려다본 제우스는 아름다운 미소년을 발견하지. 그는 트로이성의 둘째 왕자인 패리스였다. 제우스는 멋지게 생긴 패리스야말로 아름다움을 식별할 수 있는 심미안을 가지고 있으리라 생각하였다. 제우스의 사자는 패리스에게 황금사과를 건네주면서 "가장 아름다운 여신에게 이 황금사과를 줘라"는 제우스의 말을 전했단다.

패리스는 자신을 뽑아주면 미인을 주겠다는 아프로디테에게 황금의 사과를 건네주게 된다. 하지만 문제가 생겼다. 이 세상에서 가장 아름다운 여인은 헬렌이었는데, 그녀는 이미 기혼녀였기 때문이지. 게다가 그녀는 스파르타의 왕, 메넬라오스의 아내였다.

패리스가 스파르타의 왕궁에 도착했을 때, 헬렌은 패리스를 본 순간 그에게 반해버리고 말았다. 큐피트의 화살이 그녀의 심장을 꿰뚫었기 때문이 아니겠니. 큐피트의 화살을 맞은 헬렌은 패리스를 보는 순간 사랑에 빠졌고 주저하지 않고 패리스와 함께 트로이로 도망쳐온다. 이로써 아프로디테는 약속을 지킨 셈이지.

하지만 이제 에게해에는 무시무시한 전운이 감돌게 되었다. 가장 아름다운 여인을 트로이에 빼앗겼다는 치욕적인 사실을 헬렌의 남편인 메넬라오스는 물론, 그리스의 모든 남자들이 용납할 수 없었기 때문이지. 결국 메넬라오스의 형인 미케네의 왕 아가메논을 총사령관으로 하여 거대한 함대를 구성하고 트로이로 진격했단다.

이 전쟁에서 신들도 두 편으로 갈라져 싸우게 된다는 것이 흥미로운 일이지. 황금사과를 빼앗겼던 원한에 사무친 헤라와 아테네 여신, 그리고 바다의 신 포세이돈은 그리스의 편을 들었다. 아프로디테와 광명의 신 아폴로, 그리고 전쟁의 신 아레스는 트로이의 편에 섰단다.

이 전쟁에서 트로이의 영웅인 헥토르도 아킬레스에 의하여 죽고 그리스의 영웅인 아킬레스도 발꿈치에 화살을 맞아 죽게 되지. 또 미소년 패리스도 처참하게 죽는 운명을 맞게 된다. 신들도 무사할 수는 없었다. 전쟁중에 다칠 수밖에 없었기 때문이지.

전쟁 10년 째, 그리스군은 거대한 목마를 만들어 놓고 거짓으로 철군한다. 트로이군은 목마를 성 안으로 운반하여 놓고 잔치를 벌이다가 최후의 운명을 맞이하게 된다. 야밤에 목마 속에 숨어 있던 병사들이 기어나와 성문을 열어놓았기 때문이지. 트로이는 살육장으로 변했고 온 성이 불탔다.

이 싸움은 그렇게 처참하게 끝났단다. 미인선발대회처럼 아기자기한 아름다운 여신선발대회로 끝날 수도 있었던 것이 결국 엄청난 전쟁으로 끝나고만 비극. 왜 그랬을까? 헤라와 아테네 그리고 아프로디테가 "너도 나만큼 예쁘고 나도 너만큼 예쁘다는 것"을 받아들일 수 있었더라면, 즉 관용의 정신이 있었더라면 트로이의 비극은 없었을 텐데…….

진리에 대한 겸손한 태도

"십년공부 나무아비타불"이라는 말 들어보았지? 10년 동안 진리를 찾았지만 결과가 허망했다는 것이란다. 물론 '10년 공부'는 옛날 말이다. 지금은 10년이 아니라 '20년 공부'가 아니겠니. 유치원부터 대학원까지 친다면 족히 20년이 되지 않니.

그 긴 기간 동안 너는 진리를 찾고 있구나. 올바른 의견, 올곧은 소신, 바람직한 가치관. 직장에 들어갔다 하더라도 진리에 대한 호기심이 사라진 것은 아니겠지. 아름다움도 좋지만 진리도 중요하다. 오랜 배움의 삶 이후 너는 자신의 소신과 가치관을 갖게 될 것이다.

부모는 너를 낳고 길렀지만, 네 소신과 의견까지 낳은 것은 아니다. 너는 많은 친구와도 사귀었지만, 너와 네 친구와의 소신이나 가치관이 반드시 같지는 않을 터이다. 그렇다면 너는 너의 견해와 소신에 대해서 어떻게 생각하니? 물론 너는 네가 가지고 있는 소신이니까 올바르다고 생각하겠지. 올바르다고 생각하지 않는다면, 어떻게 그 소신과 철학을 가질 수 있었겠니.

너는 어떤 의견을 가지고 있든지 "내 의견은 틀릴 수 없다"는 무오류성을 전제하지는 말아라. 네가 오랜 세월, 충실한 실력 연마를 위해 많은 노력을 투자했고 그 결과 네가 일정한 소신을 갖게 되었다고 하더라도, 그것이 반드시 옳다는 것을 보장할 수는 없구나.

네가 가치 있는 것으로 생각하는 많은 것은 너의 경험과 체험을 통하여 얻은 것일 테지. 그러나 너의 경험이 아무리 독특하고 소중하고 또 다양하다고 하더라도 경험을 통하여 '철칙' 이나 '법칙' 까지 만들어낼 수는 없단다. 경험의 세계는 어디까지나 유한한 세계인만큼, 이른바 '경험칙(經驗則)'을 통하여 필연적 법칙까지 만들어낼 수는 없는 거란다.

예를 들어, 네가 알고 있는 남자(여자) 때문에 실망한 나머지 "모든 남자(여자)는 믿을 수 없다. 그러므로 나는 결혼하느니보다는 오히려 독신으로 살고 싶다"는 의견을 가질 수 있지. 하지만 이 의견이 절대적으로 옳은 것은 아니다. 너는 세상 모든 남자(여자)들과 사귀어본 것도 아니고 또한 사귄다는 것조차 불가능하기 때문이지.

그러니 경험들을 모아 귀납적인 방식으로 절대적인 범주의 진리를 발견한다는 것은 불가능하다. 다만 네가 믿고 있는 것이 잘못되었다는 결론을 의미 있게 내리기는 수월한 일이다. 왜냐하면 네가 새로 사귄 한 사람의 남자(여자)가 좋은 남자(여자)라는 확신이 든다면, "모든 남자(여자)는 믿을 만하지 못하다"는 지금까지의 네 생각은 쉽게 반증할 수 있기 때문이지.

네 의견을 항상 검증해라

네가 가지고 있는 생각과 소신 및 판단이 옳은 경우도 있다. 네가 만일 "정직이 최선의 정책"이라고 믿는다면, "인내는 쓰지만 그 결과는 달다"는 명언이 타당하다고 생각한다면, 또 "좋은 약은 입에 쓴 것"이 사실이라고 믿는다면, 그러한 믿음을 의심할 여지는 없을 것이다.

그러나 문제는 네가 가지고 있는 믿음과 가치관에 대한 근거가 올바른 것인가 하는 점이다. "정직이 최선"이라는 네 판단이, 과거 네가 정직했을 때 선생님한테 칭찬과 상을 받았다는 사실에서 기인한다면, 그 근거는 그다지 확고한 것이 아니다. 또한 "좋은 약이 입에 쓰다"는 것과 관련해서 '약을 먹으니까 바로 병이 나았는데, 그 약의 맛이 썼다'라는 경험적 명제 정도로 알아들었다면, 그 준칙의 본래 의미를 확실하게 터득한 것은 아닌 것이다.

이것은 다시 말해서 네가 자신의 신념을 정당화하기 위해서는 그 신념의 근거를 철저하게 파헤치는 수고를 피해서는 안 된다는 것을 뜻한단다. 그 수고로움을 피한다면, 네가 가지고 있는 신념은 단지 엄마나 선생님한테 들은 것에 불과한 우화나 신화에 지나지 않는 셈이다.

스스로를 검증하는 삶

"밑 빠진 독에 물 붓기"라는 말을 알고 있지? 일반적으로 헛된 노력을 가리키는 말이다. 사실 누구나 밑 빠진 독에는 물을 부어봤자 헛일이라고 생각한다. 그렇다면 정말로 밑 빠진 독에 물을 채울 수는 없는 것일까? 이 질문에 오성 이항복과 한음 이덕형은 밑 빠진 독에 물을 채울 수 있다고 믿었단다.

이 둘은 소문난 개구쟁이면서도 공부도 꽤 잘했다. 당시 이들이 다니던 서당에는 이들보다 나이가 열 살 정도는 더 많은 더벅머리 총각이 있었는데, 그는 훈장 선생님이 내주는 문장 외우기를 잘하지 못해 매일 야단을 맞았다.

고민하던 그는 심각한 얼굴로 두 사람에게 문장 암송의 비결을 물었다. 그때 이항복이 더벅머리 총각에게 밑 빠진 독에 물을 부어 보라고 말했다. "밑 빠진 독에 물을 붓는 것하고 공부하는 것이 무슨 관련이 있는가" 하고 더벅머리 총각은 의아하게 생각했지만, "밑져야 본전" 이라고 생각하고 직접 해보았다.

처음 물 한 동이를 붓자 밑 빠진 독은 물이 채워지기는커녕 바닥으로 새버렸다. 그러나 다시 시도했다. 밤새도록 온힘을 다해 물을 채워보았다. 물이 새는 속도보다 더 빨리 물을 붓자 과연 물이 차오르기 시작한 것이다. 그때 더벅머리 총각은 문득 깨달음을 얻었다. "공부도 이렇게 하는 것이구나. 잊어버리면 외우고 또 잊어버리면 다시 외우고 하면 결국엔 깨우치게 되는 것이 공부구나."

실제로 이처럼 참됨의 근거를 추구한다는 것은 어렵기 그지 없다. 하지만 검증하도록 노력해야 한다. "검증되지 않은 인생은 살 가치가 없다(an unexamined life is not worth living)"고 말하는 소크라테스의 경고는 너무나 엄중하단다.

따라서 네가 진리를 알고 있다고 해도 그 근거에 대해서 정확하게 파악하고 있지 못한 이상, 확신에 가득 찬 믿음이나 검증된 신념으로서의 가치가 있다고는 말할 수 없다. 즉 그냥 받아들여진 소신과 가치관은 비록 그것이 진리라고 하더라도 무비판적으로 받아들여겼다는 사실 때문에 자신을 거짓으로 만들어버린다는 점이 문제다. 네가 진리를 소유하고 있다고 확신해도 다른 사람들의 의견, 특히 너를 비판하는 의견에 경청해야 하는 이유가 여기에 있다고 할 수 있다.

일반적으로 네가 가지고 있는 소신은 완전한 진리이거나 완전한 허위라기보다는 오히려 이 두 가지가 섞여 있는 경우가 많다. 즉 부분적인 진리와 부분적인 허위를 지니고 있다고 말할 수 있는 셈이다.

남의 의견 경청하기

너는 진리의 나머지를 보충하기 위해서 스스로를 검증하며 남의 의견에 경청할 필요가 있다. 특히 진리에 대하여 치열한 관심을 가지면 가질수록 독단적인 경향을 가지지나 않을까 조심해야 한다.

네가 독단적인 성향을 줄이고 또 줄이려면 마음을 열고 다른 사람들과 끊임없이 대화를 해야 한다. 소크라테스의 문답법이 바로 그런 것이 아니겠니.

너는 가장 높은 곳에 위치한 올바른 진리를 향해 나아가는 과정에 있을 뿐이므로 교만한 생각을 버려야 한다. 오히려 이제까지 네가 진리라고 알고 있는 것이 실제로는 편파성을 지닌 지식의 편린은 아닌가 하며 끊임없이 반추해야 할 것이다.

CHAPTER 13

오늘 얼마나 봉사했니

남을 즐겁게 하려면 어떻게 해아 할까.
이러한 관심을 많이 가지면 사람은 저절로 완성되어 가는 법이다.
- 신들러 -

우리는 살아가면서 남하고 항상 부딪치게 마련이다. '고독한 섬'처럼 살 수 있는 사람은 없지. 물론 아는 사람과 만나 재미있고도 내밀한 얘기를 나누는 경우도 있지만, 알지 못하는 사람과 조우하면서 바람처럼 스쳐 지나가는 경우도 많다.

길가에서 걷다가, 지하철 안에서 혹은 음식점 안에서, 엘리베이터 안에서 그리고 버스 안에서, 만남은 잠깐이지만 그 여운은 오래 갈 수 있단다. 마치 연못에 작은 돌을 던지면 그 파장이 계속해서 나아가듯이……

어떠냐, 너는 모르는 사람과의 만남에서 불쾌한 느낌이 없었는지 궁금하구나. 혹시 너하고 부딪히고 아무런 말도 없이 가버린 사람, 발을 아프게 밟고도 사과 한 마디 없이 그냥 떠나버린 사람, 혹은 식당과 커피숍에서 전세 낸 듯이 큰소리로 떠드는 사람, 지하철에서 신문을 넓게 펼쳐보는 사람, 또 길가에서 담뱃불을 들고 유유히 걷고 있는 사람, 슈퍼마켓 카운터 앞에서 새치기하는 아주머니, 술 먹고 길거리에서 고성방가 하는 흥에 겨운 술꾼들, 굉음을 내며 오토바이로 시내를 질주하는 폭주족들, 이런 무례한 사람들이 너를 불쾌하게 하지는 않았니. 이들 때문에 아침부터 기분이 상하고 하루종일 우울한 기분을 떨쳐버릴 수 없던 적은 없었니.

사실 따지고 보면 그들도 마음으로는 선량한 사람들이다. 더불어 말해 보면 금세 정이 넘쳐흐르는 사람들이기도 하지. 다만 다른 사람의 필요와 욕구에 대해서 배려하는 마음이 조금 부족한 것이 흠이다.

미안합니다, 죄송합니다

너도 남에게 일부러 불편함을 주려고 한 적은 없었겠지. 하지만 남에게 적어도 무의식적으로나마 무례하게 다가가 피해를 준 적이 있지 않았을까 싶다.

공원과 산책로에서 몸집이 큰 불독을 데리고 나가 주위 사람을 겁주지는 않았니? 식당에 애완견을 데리고 간 적은 없니? 진동으로 해도 충분할 텐데 휴대폰 벨소리를 크게 조작해 두진 않았니? 또 전화를 받을 때도 작은 소리로 해도 상대편은 충분히 알아듣는다는 걸 왜 몰랐니? 비행기를 예약하고 예약을 취소하지 않은 채 그냥 비행기를 타지 않은 적은 없었니? 또 콜택시를 부른 다음, 오는 시간을 기다리지 않고 지나가는 일반용 택시를 탄 적은 없니?

물론 이것들은 모두 사소한 일이라고 치부할 수도 있지. 하지만 그 일을 당한 사람들로서는 몹시 불쾌하고 마음 상하는 일이 아닐 수 없구나.

벌과 나비는 꽃에 다가가서 꿀을 따지만 꽃을 상하게 하지는 않는다. 오히려 열매를 맺도록 꽃을 도와준다. 너는 어떠니? 남으로부터 필요한 걸 취하면서 상처를 남기진 않니? 네 것만 취하는 데 급급해서 남에게 상처를 주진 않았는지 궁금하구나.

사람들은 자연재해 등, 우연히 발생하는 사고나 어려움에 대해서는 크게 마음이 상하지 않는다. 친구와 놀러 가는데 갑자기 비가 쏟아졌다고 해서 하늘과 구름에 대해 원망을 하거나 화를 내지는 않지. 또 예고 없이 우박이 와서 비닐하우스가 무너졌다고 해도 자연의 불운으로 받아들일 뿐, 분한 마음까지 드는 것은 아니란다.

그러나 다른 사람으로부터 초래된 것이 분명한 불편과 피해는 다르다. 당사자의 마음을 격분하게 만들 가능성이 적지 않기 때문이지.

그럴 마음은 없었으나, 다른 사람들에게 피해나 불편함을 주었다는 생각이 들 때 "미안합니다"와 "죄송합니다"라는 말을 아끼지 말아라. 이로써 작은 상처지만 어루만져 주어라. 훗날 가까운 친구 사이, 혹은 부부 사이, 혹은 직장동료 사이에서도 "미안합니다"라는 말을 하기가 훨씬 수월해질 것이다. 배려하는 몸짓과 따뜻한 말들이 작은 불행은 물론, 때로는 큰 불행을 막는 비결이 될 것이다.

고맙습니다

또 남에게 피해를 주지 않는 것을 넘어서서 보다 적극적으로 남에게 배려하는 몸짓을 할 수도 있지 않겠니.

너는 사람이 많은 식당에서 친한 친구의 신발을 챙겨주었니? 또 선생님이 과자를 나눠주는데 마침 그 자리에 없던 친구의 몫도 챙겨 주었니? 네가 아는 친구에 대해서 이토록 마음을 쓸 수 있다면, 멀리서 전학온 잘 모르는 친구에 대해서도 마음을 쓸 수 있겠구나. 시골길을 지나다가 아이들이 손을 흔들거든 너도 꼭 흔들어주어라. 또 다른 사람이 네게 차선을 양보했으면 반드시 "고맙습니다"라고 말하거나 그런 몸짓을 해라.

네가 바쁘더라도 길을 묻는 사람이 있다면 자상하게 가르쳐주어라. 물론 길을 모르면 모른다고 솔직하게 말하고 "죄송합니다"라는 말을 꼭 덧붙여라. 또 엘리베이터를 타고 올라가려고 할 때 어떤 사람이 뛰어오면 반드시 그 사람을 기다려 같이 타고 올라가도록 해라.

우체부와 청소부 아저씨, 아주머니를 만나면 그냥 지나치지 말고 인사해라. 그들이 비록 임금을 받고 일하곤 있지만, 그 일 자체가 힘든 일이다. 또 우리 모두에게 베푸는 일이 아니겠니? 네가 인사함으로써 그들이 잠시나마 밝은 표정을 짓게 되는 것을 볼 수 있을 것이다. 너의 잠깐의 행위로 그들이 행복해질 수 있다면, 이 어찌 놀라운 일이 아니겠니?

네가 이런 섬세한 일에 마음을 쓸 수 있다면, 남의 상처를 어루만지는 일도 어렵지 않게 된단다. 뿐만 아니라 너의 선의와 사랑의 향기는 멀리까지 날아갈 수 있을 것 같구나.

네가 살아가면서 큰일이 아닌 작은 일에서 남에게 배려할 수 있고 남을 위해 좋은 일을 할 수 있다는 것은 축복이다. 그 작은 일은 네게 큰 즐거움이 될 것이고 때로는 행복감까지 맛볼 수 있게 만들 것이므로…….

도덕적 비대칭성의 위력

한 어머니에게 두 아들이 있었단다. 큰아들은 우산 장사를 했고 작은아들은 짚신 장사를 했지. 어머니는 맑은 날씨가 되면 큰아들을 생각하면서 울었고, 비가 오는 날이면 작은아들이 짚신을 팔 수 없으려니 하고 울었다.

그러자 이를 딱하게 여긴 이웃집 아주머니가 어머니에게 생각을 바꾸어 보라고 권했지. 좋은 날씨에는 짚신이 잘 팔릴 작은아들을 생각하며 웃고 비가 오는 날은 우산이 잘 팔릴 큰아들을 생각하면서 웃으라고…….

이웃집 아주머니는 확실히 삶의 지혜를 가진 사람이었던 것 같다. 결국 아주머니의 말에 설득되어 문제의 어머니는 생각을 바꾸어 항상 웃는 얼굴로 행복한 삶을 살았다고 이 우화는 끝을 맺는다.

하지만 우화의 내용을 새삼 반추해 보면, 우리의 일상 체험과는 동떨어져 있다는 사실을 깨닫게 되지 않니? 나는 내 경험을 보면서 이 우화의 내용이 터무니없다고 생각해 왔지만, 네 생각은 어떠니?

오전에 너한테 찬사의 말을 쏟아놓던 친구가 오후에 너의 험담을 퍼뜨리고 있다는 사실을 알게 되었을 때, 저녁 때 너의 기분은 어떨까? 친구가 한 찬사의 말만을 생각하며 기쁨에 들떠 있을까,

아니면 친구의 험담이 마음에 남아 꺼림칙한 생각이 들어 마음의 상처가 클까? 이러한 경우라면 오전의 찬사보다는 오후의 험담이 두고두고 남아 '잠 못 이루는 밤'이 될 가능성이 클 것 같구나.

이러한 체험을 하는 것은 사람들이 즐거움은 잊어버리고 고통만을 기억하는 비관주의자가 되어서가 아니다. 본질적으로 고통은 즐거움과 상쇄될 수 없을 정도로 그 질적 차이가 크기 때문이야. 이것을 바로 '도덕적 비대칭성'이라고 할 수 있지.

우리는 살아가면서 이 '도덕적 비대칭성'의 위력을 실감한다. 사람들은 웃고 있는 어린애의 곁은 무심히 지나칠 수 있지만, 울고 있는 어린애의 곁은 쉽게 지나칠 수 없단다. 어린애의 울음소리에는 사람들의 발길을 붙잡는 그 어떤 도덕적 호소력이 묻어 있기 때문이다. 흔히 사람들이 길가에서 울고 있는 어린애에게 다가가서 왜 울고 있는지 물어보게 되는 이유가 여기에 있단다. 너도 이런 경험을 해보았지?

즐거움과 고통 사이에 존재하는 도덕적 비대칭성은 즐거움과 고통은 상쇄될 수 있는 동질적인 것이 아니라 이질적인 것이라는 의미를 갖는다. 아무리 노력해도 고통과 즐거움은 같은 가치를 가질 수 없다는 뜻이지.

아홉 번 잘해도 한 번 잘못하면 소용없다

너도 살아오면서 지금까지 많은 삶의 체험을 했을 것이다. 그런데 지금 이 순간 네 가슴속에는 무엇이 남아 있니? 즐거움의 추억이니, 아니면 어떤 괴로움이니? 혹은 오래된 앨범을 넘기면서 네 눈을 사로잡는 것은 어떤 사람의 얼굴이니? 너한테 다정하게 잘해 준 사람이니, 아니면 못되게 굴고 괴롭혔던 사람이니?

아마도 너를 괴롭히고 약올린 사람이 가슴속에 남는다면, 그것은 도덕적 비대칭성이 의미가 있다는 말이 될 거야. 너도 너한테 친구가 아홉 번 잘해 주다가 한 번 잘못했는데, 그 아홉 번은 잊어버리고 그 한 번만 또렷하게 기억하고 있는 건 아닐까? 왜 우리는 나에게 잘해 준 사람의 은혜는 곧잘 잊어버리면서 나에게 잘못한 사람의 경우만 생각날까?

이처럼 즐거움과 고통이 도덕적으로 대칭적인 게 아니라면, 친구에게 특히 피해와 고통을 주지 않으려고 노력을 집중할 필요가 있다.

너는 살아오면서 많은 친구를 사귀었지. 어떤 의미에서 보면 성장할수록 친구와 함께 살아가는 생활이 많아지는구나. 학교에서의 생활, 학원에서의 생활, 직장에서의 생활, 다 마찬가지다.

친구들과 같이 살면서 희로애락이 없을 수 없지. 따라서 의식하건 의식하지 못하건 친구에게 고통을 주는 일도 생기게 마련이다. 하지만 친구에게 화가 난다고 사소한 잘못에 대하여 인격 모욕적인 언사를 사용하며 또 육체적인 폭력까지 사용한다면, 마음의 상처로 남을 수밖에 없는 고통을 강요하는 셈이구나. 아픔을 주면 그 후에 아무리 잘해 주어도 허사다.

"병주고 약준다"는 말을 들어보았지? 하지만 "병주고 약주면"

서로 상쇄될 수 있을 것처럼 생각해서는 커다란 오산이다. 사람들은 약준 것보다는 병준 것을 오랫동안 마음 속에 기억하기 때문이다. 특히 한 번 뱉어버린 가시 돋친 말은 다시 주워담을 수도 없고 또 지우개로 지워버릴 수도 없다는 것을 잊지 말아라.

준다는 것의 의미

너는 살아오면서 주기보다는 많은 것을 받아왔지? 먹을 것, 입을 것, 즐길 것. 또 사랑을 제일 많이 받아왔지? 이 모든 것을 너에게 준 것은 실로 부모로서 엄마와 내겐 부담이 아니었고 즐거움이었단다.

이처럼 어려서의 삶은 남으로부터 받게 되어 있단다. 태어나면서부터 두 발로 설 수 있는 송아지는 있지만, 두 발로 설 수 있는 인간은 없다. 그래서 네가 어렸을 때 두 발로 서기까지 많은 시간이 걸렸고 부모는 네게 많은 것을 주었단다.

하지만 이제 너는 성장했고 두 발로 섰다. 네가 어릴 적에 어린이날을 좋아한 것은 그날 선물을 받게 되기 때문이 아니었니. 하지만 커가면서 어버이날의 무게를 느낄 수 있게 되지 않았니. 이제 어버이날 감사의 편지도 쓰고 정성 가득한 선물도 부모에게 드릴 줄 아는 걸 보니, 주는 것의 의미를 알기 시작한 것 같아서 가슴이 흐뭇하구나.

너는 헌혈해 봤니? 또 헌혈과 매혈의 차이를 아니? 남에게 피를 거저 주는 것이 헌혈이고 돈을 받고 피를 파는 것이 매혈이다. 헌혈과 매혈 가운데 어떤 정신이 아름다울까?

헌혈의 정신에 대해서는 물을 필요조차 없을 거야. 그냥 대가 없이 남에게 베풀겠다는 정신. 물론 완전히 거저는 아닐런지 모른다. 헌혈을 하고 나면 우유도 주고 주스도 주고 혹은 CD도 주니까……. 이에 비하여 돈을 받고 피를 판다면 그 행동에서 아름다운 정신을 말할 수는 없을 거야.

하지만 정신말고 실제로 피의 질을 따져보면 헌혈과 매혈 중에서 어떤 피가 양질의 피일까? 이 점에서 너는 약간 오해할 수도 있겠구나. 돈도 받지 않고 그냥 주는 제품과 돈을 받고 파는 제품 중에서 어떤 제품의 질을 믿을 수 있는가 하면, 후자이기 때문이지.

때때로 지하철역 앞에서 공짜로 나누어주는 부채, 책받침 등을 받아보고 이것들이 얼마나 조악한지 너 또한 익히 경험했을 터이다. 싼 게 '비지떡' 이라면, 공짜란 '개떡' 과 같은 것이 아니겠니. 시장에서 돈을 주고 사는 것이 그냥 받는 것보다 양질의 제품이 되는 것이다.

그러나 피는 다르다. 티트머스라는 영국의 교수가 조사한 바에 의하면, 헌혈의 피가 매혈의 피보다 양질임이 밝혀졌다. 그 이유는 간단하지. 헌혈하는 사람이 비교적 돈을 필요로 하지 않는, 건강이 비교적 좋은 사람들이라면, 매혈을 하는 사람은 항상 돈이 필요한 마약 중독자, 알코올 중독자 등이 많기 때문이다. 마약 중독자나 알코올 중독자로부터 채취한 사람들의 피가 좋을 수 없음은 삼척동자도 알 수 있는 것이 아닐까.

결국 헌혈이 매혈보다 양질의 피가 될 수 있다는 것은 이기주의 보다 이타주의가 아름답다는 것을 입증하는 셈이구나.

가로등 불빛처럼 빛나는 삶

이타주의가 빛을 발산하는 것이 어찌 헌혈뿐이겠니. 핏줄이 통하진 않지만 부모가 없는 아이를 입양하여 어른이 될 때까지 따뜻하게 길러주는 것도 이타주의의 소산이다. 만일 돈을 받고 아이를 입양하게 된다면, 얼마나 엽기적이고 불행한 일이 일어나겠니. 더구나 장애아를 입양하는 사람의 마음씨는 꽃보다 아름답다고 할 수 있겠구나.

그런가 하면 주변에서 흔히 볼 수 있는 불쌍한 친구에게 따뜻한 말과 손길을 뻗친다면, 작지만 아름다운 이타주의라고 할 수 있을 거야. 또 때때로 고아원에 가서 정에 굶주린 그들의 손을 마주잡고 그들과 시간을 보내는 것도 따뜻하게 베푸는 행위다. 또 양로원에 가서 할아버지, 할머니들을 위로해드리는 것도 마찬가지지.

어떤 사람은 무료로 할아버지, 할머니의 이발을 해드리기도 하고 또 어떤 사람은 무료로 할아버지, 할머니의 영정사진을 찍어드리기도 하고 또 죽음에 임박한 사람의 곁을 지키며 그들의 죽음을 도와주는 호스피스도 있단다. 너도 언젠가 고아원도 자주 가보고 양로원도 가보렴.

땅거미가 드리우면 불이 켜지는 가로등을 자주 보았지? 남을 돕는 따뜻한 손은 어둠 속에서 말없이 길을 비추는 가로등의 불빛을 닮았단다. 환한 낮에는 그 존재조차 희미하지만, 어둠이 내리면 어김없이 찾아오는 모습, 그건 바로 도와주는 사랑의 손이다.

캄캄한 시골길에서 어쩌다 만난 불빛이, 그렇게 반가울 수 없지? 너도 그런 불빛처럼 네 이웃을 돕는 따뜻한 손이 되렴. 네 이웃이 어려워 손을 내밀 때 그 손을 선뜻 잡아준 네 손. 그들은 그걸 결코 잊지 못할 것이다. 그는 네 손을 잡을 때 너의 체온과 눈빛까지도 기억할 거야. 하지만 기억하지 못한들 무슨 상관이냐. 네 손이 이미 따뜻한데…….

너 들어봤지. "부자되세요" 하는 인사. 그 인사를 들으니 기분이 좋았지? 『부자 아빠 가난한 아빠』라는 책에 대한 느낌은 어땠니? 『백만장자 되는 법』이라는 책도 열심히 읽어보았니? 물론 나도 네가 부자가 되고 백만장자가 되기를 바란다. 하지만 부자가 되는 것이 좋은 일이기는 하지만, 놀부처럼 혹은 개미처럼, 인색한 부자가 되어서는 곤란하구나.

너는 개미와 베짱이에 관한 『이솝 우화』를 알고 있겠지? 개미는 여름 내내 분주하게 일을 했고 베짱이는 여름 내내 노래부르며 즐기기만 했다. 드디어 여름이 가고 가을이 올 무렵 베짱이는 개미에게 양식을 좀 도와달라고 사정을 하지. 그러나 개미는 야멸차게 거절했다. "나는 열심히 일했고 너는 열심히 논 것에 대한 대가"라는 것이지.

개미는 부지런했고 그래서 부자는 되었지만, 인색하기 짝이 없구나. 물론 베짱이는 게을러서 그런 비참한 결과가 왔지만, 따지고 보면 개미도 베짱이한테 신세를 진 것이 전혀 없었다고는 할 수 없을 거야. 왜냐하면 개미가 일하는데 옆에서 노래를 불러 흥을 돋구어 주었거든. 너도 노래를 들으며 일하는 재미를 컴퓨터 게임을 하면서 실감했지? 그렇다면 베짱이의 노래가 개미가 일하는 데 흥을 불러일으켰다고 말할 수도 있는 것 아니겠니?

삶은 긴 것 같지만 생각처럼 긴 건 아니야. 길지도 않은 삶을 아름답게 수놓을 수 있는 것은 따지고 계산하며 셈하는 이기주의적 행위가 아니라 너그럽게 베푸는 이타주의적 행위란다. 헌혈을 하건, 자선을 하건, 야학을 하건, 이타주의적 행위를 통하여 너의 삶이 밤의 가로등 불빛처럼 빛났으면 싶다.

너는 오늘 얼마나 봉사했니?

TV광고를 보면 직장에 다니는 엄마가 저녁 때 아기한테 이렇게 묻는 장면이 나온다. "아가야! 너는 오늘 얼마나 웃었니?" 그러면 아가는 까르르 웃는 모습으로 화답하는구나. 다정하게 묻는 엄마의 모습과 함박 웃고 있는 아가의 모습이 겹쳐지면서 참 아름답다는 느낌을 지울 수 없었단다.

너는 이제 아가보다는 훨씬 컸고 그래서 "얼마나 웃었니?" 하는 질문을 할 수는 없다. 하지만 그 대신 "너는 오늘 얼마나 착한 일을 했니?" 하고 묻고 싶다. 이 질문에 너는 어떻게 대답할 거니?

너는 어려서부터 착한 일을 하라는 말을 귀에 따갑게 들었지. 하지만 착한 일, 즉 선(善)이란 무엇인가 하는 의문을 갖지는 않았니? 착한 일이란 무엇이 착한 일인지 따지고 설명하기보다는 착한 일을 하면서 배우는 그 어떤 것이란다. 마치 수영처럼 말이다.

수영을 말로만 배울 수는 없지. 마찬가지로 착한 일이란 무엇인지 이론적으로 설명할 수는 없는 것이고 체험한 사람에게만 공감이 가는 가치일 뿐이야. 선에 관한 체험이란 중요한 거다. 체험 없는 선은 상상하기 어려운 것이기에…….

노란색을 한 번도 보지 못한 사람에게 노란색을 설명해서 알아듣게 할 수 있을까? 빨간색을 한 번도 보지 못한 사람에게 빨간색을 설명하면 알 수 있을까? 불가능한 일이지.

착한 일도 이와 마찬가지다. 선을 직접 체험한 후에야 비로소 착한 일이 무엇인지 알 수 있게 된다. 어려운 사람을 도와주는 일이 아름답고, 혼자 사는 독거 노인의 수발을 드는 일이 아름답고, 또 소년소녀가장을 도와주는 일이 아름답다고 해도, 그걸 실제로 체험한 사람만이 그것이 왜 아름답고 또 어떻게 해서 아름다운지 알 수 있는 법이란다. 선을 아는 데는 실천과 체험 이외에 왕도(王道)가 없단다.

농촌에서 벼를 베고 가을걷이가 끝나면, 특히 농약을 치지 않은 논에는 메뚜기가 한창이란다. 경남 산청이란 곳에서는 무공해 쌀을 홍보하기 위하여 매년 메뚜기 잡기 대회가 열리기도 하지.

그런데 메뚜기는 겨울이 오기 전에 죽는단다. 결국 메뚜기의 한 철은 가을인 셈이야. 그런 메뚜기에게 겨울의 눈썰매와 눈사람에 대해서 이러이러한 것이라고 설명을 해준다면 눈을 체험하지 못한 메뚜기가 과연 알아들을 수 있을까?

또 여름을 흥겹게 노래하다가 가을이 오기 전에 사라져버리는 매미에게 노랗게 물든 단풍의 아름다움에 대하여 소상하게 설명해 준들, 과연 알아들을 수 있을까? 그건 결혼식장에서 장례식 이야기를 하는 것만큼이나 납득하기 어려운 일이 아니겠니?

그렇다면 어떻게 착한 일을 체험할 수 있겠니? 바로 자원봉사야말로 착한 일을 체험할 수 있는 절호의 사례가 아닐까? 스스로 그늘진 곳과 어려운 사람을 찾아나서 수발을 드는 것, 바로 그것이 자원봉사다.

산길에서 남의 짐을 들어주며

너는 얼마나 자원봉사를 해왔니? 또 앞으로 얼마나 자원봉사를 할 예정이니? 자원봉사는 자원봉사를 받는 사람에게 위안과 편안함을 준다. 도와주는 이 없이 고단한 삶을 살고 있는 병든 사람, 무의탁 노인, 장애자에게 너의 따뜻한 손길은 바로 천사의 손길이 될 것 같구나.

하지만 더욱 중요한 것은 자원봉사를 통해서 남에게 도움을 준다기보다도 네 스스로 선의 세계와 배려의 가치를 터득하게 되는 것이다. 그래서 그런지 봉사하는 사람은 아무리 힘든 일을 해도 표정이 밝고 맑구나.

너는 살아가면서 생업도 갖고 또 거기에 몰두해야 한다. 하지만 그 바쁜 중에서도 어려운 사람을 위해 짬을 내서 자원봉사할 수 있는 마음을 가져보렴.

산에 올라가 본 적이 있지? 산을 올라가는데 옆 사람이 너무 무거운 짐을 들고 올라가느라고 낑낑거리는구나. 하지만 네가 진 짐이 가볍거나 별로 힘들지 않다면 아무런 대가 없이 그 사람의 짐을 들어주거나 손을 잡고 끌어주지 않겠니. 이렇게 자원봉사란 대단한 결심을 하고 다짐을 거듭하며 너를 희생하는 것이 아니라 가벼운 마음으로 일상 속에서 옆 사람의 짐을 덜어주는 것이다.

나는 네게 "오늘은 얼마나 봉사를 했니?" 하고 묻고 싶구나.

CHAPTER 14

아픈 만큼 성숙해진다

시련과 고생을 통해서 인간의 정신은 단련되고
또한 어떤 일을 똑똑히 판단할 수 있는 힘이 길러지며
더욱 큰 야망을 품고 그것을 성공시킬 수 있는 것이다.
- 헬렌 켈러 -

고통으로 상처를 받은 적이 있니? 아니, 지금도 고통을 받고 있는지 모르지. 혹은 아침에 일어나서 오늘은 과연 괴로운 일 없이 지나갈 수 있을까라는 불안감 같은 것은 없었니?

　하루의 시작으로부터 개인적인 모욕감이나 열등감을 느끼는 일은 언제나 가능성으로 열려 있다. 그것은 언제나 너의 마음 안으로 스며들어올지 모르는 산소 같은 감정들이라고 할 수 있기 때문이다.

　고통은 결코 유쾌한 감정은 아니다. 고통을 받으면서 울고 아파하는 사람은 있을지언정, 웃으면서 신이 나는 사람은 없다. 혹시 마조히스트 같은 사람이나 절망에 빠지다 못해 포기하는 사람이라면 가능할지 모르겠지만…….

　너는 고통을 받을 때 괴로워 절규하고 싶었던 적은 없었니? 왜 인간은 세상을 살아가면서 늘 행복하고 안정되며 물질적으로 풍요로운 시간만을 가질 수 없을까? 왜 가끔 혹은 자주 아픈 삶의 고비를 맞게 될까? 고통과 슬픔은 하나의 계절처럼 어김없이 찾아오곤 하지. 마치 겨울처럼 말이다.

고통의 의미

고통이란 힘겹게 산을 오르는 사람의 땀흘림과 유사한 측면이 있지만, 똑같은 것은 아니란다. 혹은 10킬로미터 구보를 하는 고단함과 비슷한 측면이 있지만 똑같은 것은 아니다. 이것들은 자원해서 선택한 것인데, 네게 닥쳐오는 고통은 선택적인 것이 아니라 운명적인 경우가 훨씬 더 많기 때문이지.

내일 중요한 시험을 치러야 하는데, 왜 오늘 아폴로눈병에 걸리는 걸까? 나는 대학에 가고 싶은데, 왜 소년가장이 되어 어린 동생들 뒷바라지를 해야 하는 걸까? 나는 왜 장애자로 태어났을까?

너는 잘못했을 때 "나를 때려주세요", "나를 꾸짖어주세요", "어떤 벌이라도 달게 받겠습니다"라고 말하지? 네가 잘못해서 그 벌로 받는 고통, 그것은 물론 아리고 쓰리지만, 그럼에도 불구하고 이해할 수 있지 않겠니?

하지만 이유가 없는 고통이 문제란다. 또 네게 이해가 안 되는 고통도 있지? 실제로 고통에는 부조리하고, 이유를 찾을 수 없는 경우도 허다하다. 예를 들어 집안의 기둥인 아버지가 왜 암에 걸렸는지 알 길이 없을 때 무슨 생각이 들까? 우리집 식구는 나름대로 열과 성을 다해 살아왔는데 이렇게 큰 고통과 시련이 올까? 다른 사람들에게는 "고통 끝에 즐거움이 온다"고 하는데, 왜 나한테는 "산 넘어 산"처럼 끊임없이 고통의 연속일까? '나는 지지리도 복이 없구나' 하는 상념들…….

고통에 대한 이유는 누구도 확실히 답해 줄 수 없다. 고통을 당하고 있는 너도, 네 고통을 위로하려는 사람도 알 수 없지. 하지만 짐작과 추정은 할 수 있지 않겠니?

아마도 그 가운데 하나라면 고통을 통해 더 커다란 성취가 있을 수 있다는 점일 거야. 고통을 통해 우리는 더 성숙할 수 있단다.

벌레가 고치를 만들어 침잠의 세월을 보내면 나비가 된다. 벌레에서 바로 나비가 되고자 한다면 그것은 욕심이 아니겠니. 창의적 아이디어도 번뜩이는 영감의 산물이 아니라 끊임없는 고뇌의 축적이다. 고통을 겪어야만, 계속 실패해야만, 마지막에 창조물이 태어난다.

고통 없는 즐거움을 찾고자 한다면 마약과 같은 것을 찾고자 하는 것이 아닐까. 뜸도 들이지 않고 밥을 먹을 수 있는 것은 아니지. 또 감이 담홍색 감으로 익어갈 때, 여름의 더위도, 비바람도, 태풍도 거치면서 붉게 익어간다. 여름의 시련 없이 가을의 담홍색 감을 기대할 수는 없지. 그래서 "아픈 만큼 성숙해진다"는 말이 나온 것 아니겠니?

소금과 같은 고통, 침잠과 같은 고통

물론 고통에는 긍정적인 측면 외에도 최악의 상황을 피할 수 있다는 소극적 측면도 있다. 고통이 없었다면 아마도 너는 몹쓸 인간이 되었을지도 모른다. 그것은 마치 생선이 소금에 절임을 당하고 얼음에 냉동되는 고통이 없다면 썩어 쓰레기통 속에 버려지는 길밖에 없는 것과 같은 이치가 아니겠니. 배추가 소금에 절임을 당하는 것도 바로 같은 이유 때문이다.

그렇다고 해서 성숙과 성장을 위하여 고통이 절대로 필요하다는 의미로 받아들이지는 말아라. 다만 고통이 피할 수 없는 것이라면, 고통의 아픔에도 불구하고 그 고통은 의미가 있다는 뜻이다.

만일 고통이 피할 수 있는 것이라면 네가 해야 할 중요한 일은 그 고통의 원인을 제거하는 것이다. 불필요한 고통은 '영웅적인' 것이 아니라 '피학적인' 것이라고 할 수 있기 때문이지. 하지만 불가피한 고통의 경우, 고통을 야기하는 상황을 바꿀 수 없다고 해도, 고통에 대하여 네가 받아들이는 태도는 선택할 수 있지 않겠니?

네가 받고 있는 고통은 어느 쪽에 속한다고 생각하니? 매미도 여름에 노래하기 위해 7년 동안 땅 속에서 굼벵이 생활을 견뎌야 하는 것처럼, 성취를 위한 침잠과 같은 것이니? 아니면 몹쓸 인간이 되지 않도록 혹은 썩지 않도록 하는 소금과 같은 것이니?

침잠으로 받아들이건 소금으로 받아들이건, 네 영혼은 상처받은 만큼 성숙해지고 고통받은 만큼 성장한다고 말할 수 있으면 좋겠구나.

부조리한 고통

고통을 통하여 누구나 훌륭한 인격체로 변모하고 쓸모 있는 사람이 되는 것은 아니다. 고통이 쓰리고 아픈 것이라면, 사람을 무너뜨릴 수도 있는 것이 아니겠니.

　정말 고통 가운데는 의미 없는 고통도 있다. 산모가 겪는 산고는 옥동자가 태어날 수 있다는 점에서 축복받은 고통이지. 또 산을 오르는 데 들인 노고와 땀도 산 정상에 올랐을 때 펼쳐지는 아름다움을 보며 보상을 받는단다.

　하지만 모든 고통에 그런 보상과 축복이 따르는 것은 아니다. 다정했던 엄마와 아빠가 어느 날 갑자기 헤어진다고 했을 때 그 슬픔과 아픔을 어떻게 축복받은 고통이라고 할 수 있겠니. 또 어느 날 예고 없이 닥친 교통사고의 재앙, 학교에서 왕따 당하면서도 부모님에게는 말조차 끄집어낼 수 없었던 가슴앓이, 마음 속 깊이 상처를 준 가지가지의 사건들…….

　이런 고통들이 과연 한 사람을 성숙하게 만들고 또 쓸모 있는 사람으로 만드는 '생산적' 고통이란 말이냐. 그것은 정말로 의미 없고 부조리한 고통이 아니겠니. 한 사람의 정체성조차 파괴하고 자존심에 지울 수 없는 상처를 남기고 있는 이러한 고통들을 어떻게 받아들일 수 있단 말이냐.

사람을 뒤틀리게 만드는 고통

　그래, 이것은 정녕 '고통의 신비'일 수 없지. 고통을 받으면 더 소심해지고 주눅이 들어 방안에 혼자 틀어박혀 있으려고만 하고. 또 사람만 보면 의심부터 하게 되고……. 이것은 고통을 통하여 더 좋아지는 것이 아니라 더 나빠진다는 징표가 아니겠니.

『아라비안 나이트』에 나오는 「알라딘의 이야기」를 들어보았니? 그 마술의 램프에는 무시무시한 거인이 갇혀 있었지. 이제나 저제나 누가 와서 자신을 꺼내주기를 학수고대했단다. 또 자신을 구해 주는 사람에게 깊이 감사하는 마음으로 평생토록 헌신하기로 결심까지 한다.

이렇게 300년의 세월이 지나갔다. 그 무심한 세월 동안 고통 속에서 부르짖던 구원에 대한 소망이 차차 사라지면서 그 자리를 미움과 증오가 차지하기 시작했지. 그래서 그 다음부터는 자신을 구해 준 사람이라면 누구를 막론하고 가혹한 복수를 하기로 맹세했다. 이렇게 복수를 맹세하며 또다시 300년을 지내는 거인.

나도 처음에는 「알라딘의 이야기」를 읽으면서 별 이상한 이야기도 다 있구나 하는 생각을 했다. 자신을 고통 가운데 구해 준 고마운 사람에게 복수하기를 맹세하면서 300년의 세월을 보낸다는 것이 과연 말이나 되겠니.

하지만 언제부터인가 그것이 고통으로부터 초래될 수 있는 하나의 증후군임을 깨닫게 되었다. 고통은, 특히 부조리하게 생각되는 고통은, 고통을 받는 사람을 망가뜨리게 될 공산도 크지. 자신을 고통으로부터 구해 주는 사람에게까지 복수를 스스로 다짐할 만큼 뒤틀어지게 되는 성격말이다.

네 주변에서도 외톨이가 된 친구에게 용기를 내어 다가가서 따뜻한 말을 건네주려 할 때 그가 갑자기 싸늘한 표정이 되어 "나는 값싼 동정을 받고 싶지 않아"라고 말하는 걸 듣지 않았니? 아니, 혹시 너도 너무나 힘든 고통을 겪고 있을 때 위로하러 온 사람에게 퉁명스럽게 "나를 그냥 내버려둬. 겉으로는 동정하는 체 하지만, 속으로는 고통받는 나를 보는 게 재미있지?" 하고 말하지 않았니.

뒤늦게 알게 되는 고통의 의미

이런 고통, 부조리밖에 그 이유를 찾을 수 없는 고통이 너를 사정없이 휘감았을 때, 너는 어떻게 하겠니? 그런 경우에 조용히 그 고통을 받아들일 수 있겠니? 고통에 대하여 '네가 왜 하필 나를 찾아왔니' 하고 싸우려들지 말고 그 고통을 받아들이며 평화스럽게 지내도록 해라. 내가 네게 너무 불가능한 걸 주문하고 있는지 모르겠구나.

너는 영화를 많이 보더구나. 〈해리 포터와 마법사의 돌〉, 〈반지의 제왕〉 등등 그 영화들을 보고 이해가 잘 되었니? 한 편의 영화는 수많은 장면으로 구성되어 있다. 또 각 장면마다 뜻이 있고 의미를 전달하지. 하지만 영화의 마지막 결말을 보기 전에는 전체의 의미는 짐작하기 어렵다. 물론 영화의 각 구성 부분, 즉 하나 하나의 장면을 충실히 이해하도록 노력해야 하겠지. 그러나 그래도 개별적 장면의 의미가 미심쩍은 경우도 많지 않니?

네 삶도 한편의 영화라고 생각할 수는 없겠니? 삶의 최종 의미, 고통의 최종 의미 역시 오직 그 마지막 순간에 가서야, 바야흐로 죽음을 눈앞에 둔 순간에 가서야 그 모습이 드러나지 않을까? 지금 네게 의미가 없다고 생각되는 고통이 있다면, 그 의미는 나중에 드러난다고 생각해 보렴.

대낮에는 별을 볼 수 없단다. 그러나 네 눈에 안 보인다고 별이 없는 것은 아니다. 또 낮이라도 구름이 잔뜩 끼여 있거나 비가 오는 날에는 해를 볼 수 없지. 하지만 네가 해를 보지 못한다고 해서 해가 비치지 않는 것은 아니다. 다만 그 해는 구름 저편에서 빛나고 있을 뿐이다. 네가 지금 알 수 없는 고통의 의미도 혹시 그런 것이 아닌지 모르겠구나.

의미를 알게 된 고통은 더 이상 고통이 아니다

너에게 정말 억울하다고 생각되는 고통의 문제를 다시 한 번 끄집어내고 싶다. 저 자동차들이 지나다니는 길가, 아무도 거들떠보지도 않는 산골짜기에서 피는 꽃들도 나름대로 존재의 이유가 있다면, 왜 네게 오는 고통이 의미가 없겠니? 다만 그 고통의 원래 의미를 네가 깨닫고 있지 못한 것은 아닐까?

애견을 길러봤지? 귀여워하던 강아지가 병이 들어 가축병원에 데리고 가서 진찰을 하고 수의사가 주사를 놓으려 하면, 그놈이 글쎄 발버둥을 치는구나. 게다가 아픈 데를 낫게 하려고 약을 먹이면 먹기 싫다고 물려고 덤비기까지 하고……

강아지가 과연 자기 자신을 수술하는 과정에서 겪을 수밖에 없는 고통을 이해할 수 있을까? 하기야 너도 어려서 병원에 가서 예방주사를 맞을 땐 죽는다면서 엉엉 울고 그랬지. 엄마와 나는 속으로 웃음을 참을 길이 없었구나.

어린 강아지나 어린 네가 어떻게 주사의 의미, 혹은 주사맞는 고통의 의미를 알 수 있겠니. 강아지의 머리는 물론, 제한된 이성을 가진 너의 머리와 가슴으로도 고통의 의미를 이해하기엔 무리가 아니겠니. 하지만 분명한 것은 그 고통의 의미, 즉 네가 이해는 하지 못하지만 주사맞기에서 수반되는 아픔에 대한 의미는 있다는 점이다.

성장한 네게 이제 주사맞기의 고통의 의미는 확연히 다가왔고, 그래서 너는 이제 아픈 주사를 맞아도 울지 않고 또 쓴약을 먹어도 울지 않는구나. 그건 네가 고통의 의미를 알게 되었다는 뜻이다. 또 일단 그 의미를 알게 된 고통은 더 이상 고통이 아니다. 하지만 모든 게 주사맞기의 고통처럼 그 의미가 명백하게 드러나는 것은 아니라는 걸 인정할 수밖에 없구나.

이제 그때와는 다르게 훨씬 성숙한 너에게도 새로운, 그 의미를 짐작하기 어려운 불가사의한 고통들이 다가오고 있지 않니? 네가 사랑했고 또 너를 사랑했던 그 사람도 홀연 떠나버리고, 또 다정했던 친구도 너에게 등을 돌려버리고……. 이런 고통의 의미는 무엇일까?

죽어 가는 아버지가 아들 셋을 앉혀놓고 과수원 땅 속에 보물이 있다고 했다. 그 보물을 찾은 사람이 가지라는 유언을 남겼지. 아들들은 아버지가 죽은 다음 곧 보물을 찾기 위해 땅을 파헤쳤다. 하지만 허사였지. 아무리 땅을 파도 보물을 나오지 않았단다. 그래서 그 동안 흘린 땀과 고통을 아쉽게 생각하며 슬픔과 실망에 젖어 있었지. 가을이 되어서야 자신들이 파헤쳤던 그 땅에서 주렁주렁 열매를 맺은 나무를 보고 비로소 그 고통의 의미를 알게 되었다.

물론 동화에 나오는 이 세 아들은 행복한 사람들임에 틀림없다. 1년도 되지 않아 그 고통의 의미를 깨닫게 되었으니까 말이다.

고통만 당하고 그 고통의 의미를 깨닫지 못하는 사람이 얼마나 많겠니. 그러나 깨닫지 못할 뿐, 그 어떤 초월적 의미, 혹은 신비스러운 의미가 있지 않겠니.

사랑하는 사람에게 바치는 고통

불가사의한 고통의 의미를 무엇으로 설명하면 좋겠니? 혹시 누구누구를 위한 희생의 의미로 받아들이는 것은 어떨까? 이 이해할 수 없는 고통을 사랑하는 누구를 위해서 받는다고 생각한다면, 그 고통의 의미를 찾을 수 있지 않을까? 가족도 될 수 있고 친구도 될 수 있고 또 연인도 될 수 있고…….

혹시 종교적 믿음을 가지고 있다면 희생의 의미를 이해하는 데 도움이 될 수 있겠구나. 정말로 네 고통이 절망적으로 느껴지고 그것에서 어떤 의미도 찾기 어려울 때 "사랑하는 누구를 위하여 이 고통을 바친다"라는 생각을 할 수 있지 않겠니. 그렇다면 "열려라! 참깨"를 외쳤던 『아라비안 나이트』의 알리바바처럼, 고통의 신비의 문을 연다고 할 수 있을 거야.

서점에 가서 책을 읽어보렴. 서문 앞에 "사랑하는 누구에게 바친다"라고 써있는 것이 보이지? 바로 그것이 '바친다'는 것의 의미란다. 책을 쓴 사람이 그 책을 "사랑하는 ○○", "존경하는 ○○"를 위하여 바치는 것처럼, 너도 자신의 그 참담한 고통을 "사랑하는 ○○을 위하여" 바칠 수 있겠지?

CHAPTER

15

헌신하는 삶은 향기롭다

목숨을 잃는다는 일은 아무것도 아니다. 나라도 필요하다면 목숨을 버릴 만한 용기가 있나.
하지만 이 목숨의 뜻이 없어지고 우리들의 생존이유가 소멸함을 본다는 것은 참지 못할 일이다.
- 알베르 까뮈 -

너는 자유로운 삶을 살고 싶겠지. 새처럼 훨훨 하늘을 나는 삶을 살고 싶지는 않니. 또 뜬구름처럼 한가로이 때로는 분주하게 떠돌아다니는 삶은 어떠니?

하지만 자유로운 삶을 구가하면서도 네 뜻을 둘 수 있는 어떤 것, 대상은 있어야 한다. 즉 어느 한 곳에 뜻을 둘 수 있어야 한다는 말이지.

사실 엄밀한 의미에서 무한정 하늘을 훨훨 나는 새는 없단다. 까치와 같은 텃새는 삶의 터전을 한 곳에 정해 두고 그곳에 일생 동안 헌신을 한다. 그런가 하면 두루미, 청둥오리와 같은 철새도 무작정 이곳저곳을 방황하는 것이 아니라 한두 곳을 정해 놓고 그곳에 헌신을 하고 있지.

또 해바라기를 보아라. 한순간도 눈을 떼지 않고 해를 바라보고 해를 따라 도는 해바라기. 해바라기는 해가 뜨기 전부터 이미 해를 향하여 고개를 돌리고 있다.

마찬가지로 너도 자유분방한 삶을 살고 싶지만, 그래도 네가 향하는 곳을 정하고 거기에 혼신의 힘을 쏟아야 한다. 헌신이란 헌신의 대상에 네 자신의 정성과 혼을 바치는 것이다.

"임 향한 일편단심"이란 말을 알지? 성삼문의 말이긴 하지만, 여기서 '임'을 반드시 임금님으로만 볼 게 아니라 네 삶의 테마로 보면 어떻겠니?

헌신의 의미

헌신에는 당연히 불확실성이 있다. 네가 특정 가치나 특정 대상에 헌신을 한다고 했을 때, 그것이 너의 기대를 채워줄 수 있을지는 일련의 의구심이 있기 때문이지. 모름지기 헌신이란 환한 데서 잃어버린 열쇠를 찾는 것이 아니라 어두운 데서 잃어버린 열쇠를 찾는 것과 같은 것이란다.

심청이의 이야기를 기억하니? 앞 못 보는 아버지의 눈을 뜨게 하기 위하여 공양미 삼백 석을 시주할 것을 스님에게 약속하는 심청이. 공양미 삼백 석을 마련하기 위해서 자신의 몸을 용왕의 제물로 바치기로 하고 스스로 뱃사람들을 위한 희생제물이 되고…….

이 아버지를 향한 헌신은 생명까지 바칠 정도로 더할 나위 없는 최고의 헌신이었다. 하지만 심청이 스스로 자신의 효성과 헌신으로 말미암아 아버지의 눈이 뜨게 되리라고 확신한 것은 아니란다. 확신하지 못했다는 증거는 심청이가 바다에 빠져 결국 용궁으로 들어가 용왕의 힘으로 다시 환생하게 되어 임금의 왕비가 되었을 때 나타나지. 왕비가 된 심청이는 자신의 아버지를 찾기 위해 정상인이 아닌 봉사들을 왕궁잔치에 초대한단다.

헌신에는 이처럼 불확실성이 있지만, 그럼에도 불구하고 거기에 스스로의 모든 것을 걸기 때문에 아름다운 것이다. 당연히 이를 위해서는 은근과 끈기가 있어야 한다. 일관되게 그 헌신의 대상을 위하여 나아갈 수 있는 힘과 의지력.

그 과정에서 혹독한 시련을 겪을 수도 있다. 헌신의 대상이 없는 사람은 고통과 노력, 희생의 의미를 깨달을 수 없단다. 희생을 해야 할 대상이 없는데, 무엇 때문에 고통과 시련을 겪어야 하겠니.

그렇다면 너는 무엇을 위해서 헌신을 하려고 하니? 고통받는 네 주변의 이웃을 위하여 헌신할 수도 있지. 또 네 가정을 위하여 헌신할 수도 있지 않겠니? 혹은 사랑하는 사람을 위하여 헌신해 보아라. 그러면 순애보가 되겠지. 때로는 나라를 위하여 희생을 하고 때로는 목숨도 바칠 수 있지 않겠니. 그때는 순국이 된다. 그렇지 않으면 종교적 믿음을 위하여 헌신할 수도 있구나. 그때는 순교자(殉敎者)가 되는 것이지.

헌신하는 삶은 아름답단다. 오로지 먹고살기 위하여 일하는 사람보다 가치 있는 그 무엇에서 삶의 이유를 찾고 있는 사람, 제 몸의 전부를 아낌없이 바치는 사람, 그렇게 헌신하는 사람은 치열한 삶을 살아가는 사람임이 분명하다.

오빠와 자신의 생명을 맞바꾼 여동생의 사랑

사랑하는 것이 사탕이나 초콜릿처럼 달콤한 것이라면, 사랑에 헌신할 필요는 없다. 하지만 사랑에도 봄, 여름, 가을, 겨울처럼 4계절이 있다면, 사랑도 벌거벗은 나무의 겨울을 이겨내야 하지 않겠니? 사랑에 의지와 강인함, 인내가 필요한 이유도 여기에 있다.

　네가 사랑하는 사람은 많지? 엄마와 아빠도 사랑하고 또 네 동생도 사랑하지. 또 사랑하는 친구들도 있지? 또 사랑하는 연인도 있고…….

　사랑이란 다른 사람에 대해 그의 전부를, 그의 인격의 가장 깊은 핵심까지 파악할 수 있는 유일한 방법이란다. 너는 친구와 우정을 나누고 좋아할 때 전에는 몰랐던 많은 점들, 그 사람의 성격, 취미, 이런 것들을 알게 되었지. 이게 바로 사랑의 마술이다. 사랑하기 전에는 무관심했던 것들이 사랑하고 난 다음부터 갑자기 보이게 된단다.

　그 누구도 어떤 사람을 사랑하지 않고서는 그의 실체를 충분히 알 수 없다. 사랑함으로써 비로소 사랑하는 사람의 본질적인 특성과 특징들을 소상하게 알 수 있는 것이지.

　더욱이 그 사람 안에 잠재되어 있는 것, 아직 실현되지는 못했으나 마땅히 실현되어야 할 것이 무엇인지도 깨닫게 된다. 더 나아가 사랑하고 있는 사람은 사랑으로써 자신이 사랑하는 사람이 이 잠재 능력들을 실현시킬 수 있게 도와줄 수도 있다.

　사랑에도 헌신이 필요하단다. 사랑에 대한 헌신. 과연 어떤 것이 사랑에 대한 헌신일까? 내가 들은 아름다운 이야기 한 가지가 있다.

　어느 집에 어린 남매가 있었다. 오빠는 초등학교 6학년, 여동생은 초등학교 3학년생. 언젠가 오빠가 병이 나서 수술을 하게 되었단다. 희귀한 혈액형이라 엄마와 아빠는 다른 데서 피를 구하는 데 어려움이 있었지. 그러니 마지막으로 어린 딸에게 도움을 청할 수밖에……. 동생에게 오빠를 위하여 수혈해 줄 것을 요청했지.

뜻밖에도 그 여동생은 엄마, 아빠에게 3일간의 말미를 달라고 하지 않겠니. 당연히 흔쾌한 동의를 기대했던 엄마와 아빠는 너무나 당혹스러웠다. 사랑하는 오빠를 위하여 수혈 결정을 내리기까지 무려 3일이나 기다리라고 하다니……. 딸이 야속하기만 했지.

3일 후에 여동생은 핼쑥한, 하지만 비장한 얼굴을 하고 엄마, 아빠 앞에서 입을 열었다. 자신의 피를 주겠다고 말한 다음, 자신이 죽은 다음에는 곰인형과 함께 묻어달라고 하지 않았겠니. 유언처럼 말이다. 엄마와 아빠는 너무나 놀랐단다. 피를 빼면 죽는다고 생각한 여동생의 순진한 생각에 놀랐고 한편으로 목숨을 바칠 정도로 헌신적인 오빠에 대한 사랑에 또 한 번 놀랐지.

나는 이 이야기를 들으면서 오 헨리의 소설 『크리스마스 캐럴』을 생각했다. 가난한 연인들이 서로 시계와 머리카락을 팔아 머리핀을 사고 시계줄을 사는 바람에 필요 없는 물건을 산 셈이 되어 결국 선물 교환을 하는 데는 실패했지만, 그럼에도 뜨거운 사랑의 헌신을 교환한 애틋한 사랑 이야기.

성경에도 "친구를 위하여 목숨을 바친다면 그보다 더 큰 사랑은 없다"고 했다. 어떠니? 너도 사랑을 위하여 목숨을 바칠 정도로 헌신한다고 할 수 있겠니? 좋을 때 좋다고 하는 것처럼 쉬운 일은 없다. 하지만 그것이 사랑의 한 표시일지언정 전부는 아니다. 사랑에도 자기 희생이 필요하기 때문이지.

사랑하는 사람을 위하여 자신의 장기를 떼어주고 또 자신의 삶과 인생을 바치는 사람들의 이야기. 이것은 분명히 순애보다. 이들의 순애보가 우리의 가슴을 뭉클하게 하는 것은 사랑에 대한 헌신이 너무나 아름답기 때문이 아니겠니?

국가에 대한 헌신

너는 네 고유한 삶과 이상을 가지고 있지. 또 네가 그 꿈을 키워나가는 것은 보람 있는 일이다. 너의 취향과 기호, 사랑, 꿈, 모든 것이 소중하구나.

하지만 때로는 네 자신과 관련된 관심과 가치가 아닌, 공적인 일에 너 자신을 바칠 수도 있어야 한다. 네가 네 자신, 네 가족, 네 친구만 생각한다면, 그것은 너무나 편협한 생각이 아니겠니. 너의 삶은 보이지 않지만, 네가 알지 못하는 다른 사람의 노고와 피땀에 연관되어 있기 때문이지.

네가 깨끗한 도로를 걸을 때 사실은 네가 없는 데서 일했던 환경미화원의 노고가 숨어 있다는 사실을 잊지 말아라. 또 네가 산 속의 절을 보고 감탄할 때 그 절을 짓고 보존해 왔던 수많은 숨은 손들의 정성을 기억해야 한다.

그렇다면 때로는 너도 그러한 정성을, 네가 모르는 이들을 위해서 바칠 수 있지 않겠니. 지난번 월드컵 기억나지? 우리 모두 축구를 보면서 우리 안에 내재하던 애국심의 분출을 확인할 수 있었다.

조국이 얼마나 자랑스러운지 깨닫게 되었고 대한민국에 태어난 걸 감사하게 생각하는 마음이 솟구치게 되었지. 일상에 파묻혀 살던 많은 평범한 시민들이 애국자가 되었다. 남녀노소를 가릴 것 없이 태극기로 온몸을 치장하고 '대한민국' 과 '오! 필승 코리아' 를 연호했지.

태극기는 국기 게양대에서 내려와 일상으로 파고들었고 '대한민국' 이 '한국' 을 압도했다. 영어로도 The Republic of Korea가 아니라 The Great Republic of Korea가 되었구나. Great Britan처럼 말이다. 이겨도 눈물이 나왔고 져도 흐르던 눈물, 그것은 바로 애국심의 발로였다.

하지만 애국심에도 급수를 매길 수 있지 않을까. 월드컵에서 분출된 애국심이 진한 감동으로 다가오긴 하지만, 월드컵이 끝날 무렵 서해교전에서 산화한 5용사의 애국심을 능가할 수는 없는 일이다. 아니, 어떤 의미에서 용사들의 순국은 월드컵에서 분출되기 시작한 태극전사들의 애국심의 완성으로 보는 것이 타당할 것 같구나.

칼레를 구한 의인, 유스땃슈!

지금으로부터 약 650년 전의 일이다. 100년 전쟁 당시 영국 왕이 프랑스의 칼레시를 포위한 가운데 칼레 시민들에게 사신을 보내 항복 조건을 전했지. 항복 조건은 칼레시를 대표하여 선발된 6명의 시민들은 모자도 없이 맨발로 셔츠만 걸친 채, 목에는 오랏줄을 감고 칼레시의 열쇠를 들고 성문 밖으로 걸어나와 항복하는 것이었다.

유스땃슈 드 쌩 삐에르는 도시를 구하기 위하여 희생을 감내할 수밖에 없다고 강조하고 스스로 시민대표로 선발되기를 자청하며 앞으로 나선다. 이에 감동하여 6명의 시민들이 따라나선다. 하지만 1명이 필요 없게 된 상황에서 7명의 시민들 가운데 어느 한 사람을 제외하느냐의 문제가 초미의 관심거리가 되고 말았지.

이때 유스땃슈를 비롯하여 선발된 7명의 시민들은 최후의 만찬처럼 식사를 함께 나누고 제비뽑기를 통해 제외될 한 사람을 정하고자 했다.

이 상황에서 애초에 도시를 위해 살신성인하려던 7명의 의지는 생존의 요구로 뒤바뀌는 서글픈 일이 일어나게 되었단다. 내심으로 7번째 시민이 되기를 바라는 마음이 지원자 모두를 휘감게 되었지. 가정과 애인과의 이별, 친구와 직장과의 이별은 너무나 고통스러운 것이었다.

그러자 유스땃슈는 제비뽑기로 제외될 한 사람을 결정짓자고 제안한다. 하지만 막상 제비를 뽑게 되자 유스땃슈 자신을 비롯하여 시민의 대표로 나서길 자청했던 시민들 모두, 똑같은 푸른색의 공 일곱 개를 뽑는 결과가 초래되었다. 사실 제비뽑기를 조직했던 유스땃슈는 7번째의 몫이 되는 빨간 공을 아예 넣지 않았던 것이다.

결정의 순간은 도리 없이 다음 날로 연기되었다. 유스땃슈는 다음날 아침 동이 틀 무렵 시청 앞 장터에 제일 먼저 도착하는 6명을 선발인으로 결정짓자고 제안하며 그 자리를 떠난다.

다음날 아침, 새벽부터 몰려든 수많은 시민들이 지켜보는 가운데 6명이 집에서 출발하여 약속장소에 도착했다. 모습을 드러내지 않는 사람은 오직 유스땃슈뿐.

이 사실에 분노하는 군중들이 유스땃슈의 집으로 몰려간다. 이때 아들의 관을 들고 나오는 그의 아버지와 마주치게 되었단다. 유스땃슈는 스스로 목숨을 끊음으로써 이 6명의 대열에 동참했던 것이지.

유스땃슈의 주검과 칼레의 시민들이 지켜보는 가운데 희생을 자청한 6명이 영국 왕을 향하여 길을 출발하려는 순간이었다. 영국의 사신은 간밤에 왕자를 얻은 영국 왕이 6명을 용서하고 칼레시를 파괴시키지 않을 것임을 전한다. 결국 칼레시는 파멸의 위기를 모면한 것이다.

넌 유스땃슈의 죽음이 칼레시의 구원에 의미가 있다고 생각하니? 그의 죽음이 칼레 시민들을 구한 것이 아니라 영국 왕자의 탄생, 즉 영국 왕의 자비로운 명령이 칼레 시민들을 구한 것이 확실하지 않을까? 하지만 그럼에도 불구하고 유스땃슈의 죽음이 칼레시민을 구했다고 보아야 하는 이유는 무엇이겠니? 칼레시민의 애국심을 분출시키고 일치단결을 가능케 했던 것은 그의 희생정신과 죽음이 있었기 때문이란다.

우리는 때때로 가족을 위해, 친구를 위해 헌신하기도 한다. 가족을 위해 희생과 헌신하는 것이 비교적 쉬운 이유는 살과 피를 나누었다는 느낌이 강하기 때문이다. 또 작은 공동체에서는 서로에 대해 친숙하기 때문에 헌신의 문제가 그렇게 심각하지 않을 수도 있다.

 하지만 국가 공동체는 익명의 구성원들로 이루어진 커다란 공동체와 그 구성원들까지는 잘 알지 못해 서먹서먹하게 마련이다. 그 커다란 공동체를 위해 젊음을 불사르고 목숨을 바치는 행위는 아무나 할 수 있는 헌신의 행위가 아니다. 쉽게 실천할 수 없는 초인적인 행위인 까닭이다.

 물론 자나깨나 조국을 생각하며 살 필요는 없다. 네가 국가 공무원도 아니고 또 공화주의자도 아닌 바에야……. 너의 생활도 있고 네가 이루어야 할 소중한 꿈도 있기 때문이다. 하지만 정말로 조국이 어려움에 처했을 땐 조국애가 무엇인지, 조국에 대한 헌신이 무엇인지 행동으로 보여줄 수 있어야 하지 않겠니?

CHAPTER

16

책임질 줄 아는 사람이 되어라

책임을 지고 일을 하는 사람은 회사, 공장, 기타 어느 사회에 있어서도 꼭 두각을 나타낸다.
책임 있는 일을 하도록 하자. 일의 대소를 불문하고 책임을 다하면 꼭 성공한다.
-데일 카네기-

인간만이 책임질 수 있는 존재라는 걸 아니? 강아지가 길가에 배설을 하고 배설물에 대하여 직접 책임지는 걸 본 적이 있니? 결국 개 주인이 강아지 대신 치워줄 수밖에 없단다.

'책임'에 관한 어원을 보면 항상 '대화'와 '언어능력'을 전제로 한다. 영어로는 책임을 responsibility라고 하는데, 어원을 따져 보면 라틴어의 '대답하다'라는 의미를 가진 respondere에서 기인한 것이지. 또 독일어로는 책임을 Ver-antwort-ung이라고 하는데, 그 단어 안에는 Antwort라는 말이 들어 있다. 그 뜻 또한 '대답'이지.

이처럼 영어든 독일어든, 책임이라는 말에 '대답'이라는 것이 들어 있다는 사실이 흥미롭지 않니? 너도 짐작할 수 있는 것처럼, 대답은 물음과 그 물음을 묻는 자를 필요로 한다. 상대방은 대답을 하기 위해서는 물음을 들어야 하고 또 들을 수 있는 능력과 자세가 준비되어야 한다는 점에서 볼 때, 책임에는 들으려는 의지와 들을 수 있는 능력이 요구되는 셈이지.

책임에 대한 물음이나 책임에 대한 호소를 듣고자 하지 않는다면, 책임에 무감각해질 것이고 결국 무책임한 사람이 될 것이다. 물음에 대한 경청이 바로 책임이라는 과정의 출발점이다. 예를 들어

선생님이 너에게 '숙제를 했니?' 하고 묻는다면 너는 질문의 의미를 먼저 파악하고 그 다음에 대답을 하는 게 당연하잖니.

너 어디 있니? 너 뭘 하고 있니?

성경을 보면 지상낙원에서 금단의 열매를 따먹은 아담과 이브가 부끄러움을 느껴 숲속에 숨어있을 때 하느님이 산보하다가 "아담아, 너 어디 있느냐?" 하고 묻는다. 또 아담과 이브의 아들인 카인이 아벨을 죽인 다음 시치미를 떼고 있을 때 하느님은 카인에게 묻는다. "네 동생 아벨은 어디 있느냐?" 하고.

그렇다면 너에게 물음을 묻는 자는 누구며 무엇이겠니? 너에게 물음을 던지는 자는 신이 될 수도 있을 것이며 또 엄마, 아빠도 될 수 있다. 그리고 네 양심일 수 있으며 이성이 될 수도 있다. 이렇게 생각해 보면 삶 자체가 네게 질문을 던지는 것도 가능하다. 그들이 묻는 질문은 과연 어떤 것일까? 아마도 "너 지금 어디에서 뭘 하고 있니", "너는 어떻게 살고 있니" 등등일 거야.

살아가면서 마주치게 되는 삶의 모든 상황이 너에게 도전으로 다가오고 또 네가 풀어야 할 문제를 제기하고 있기 때문에 너는 삶의 의미에 대해서 다른 사람들에게 함부로 물어서는 안 된다. 즉 "내가 무엇을 어떻게 해야 할까요", "어떤 삶을 살아야 할 가치가 있을까요"라고 묻지 말아라. 왜냐하면 너는 묻는 사람이 아니라 질문을 받는 사람이기 때문이다.

너는 삶으로부터 질문을 받게 되며 일단 자신의 삶에 충실한 사람이 되어야 한다. 그래야 비로소 삶에 대답할 수 있고 삶에 책임을 질 수 있다.

너는 "너 지금 무얼 하고 있니"라는 내면에서 들려오는 삶의 물음에 대해서 어떻게 대답하겠니? "예, 저는 지금 충실한 삶을 살고 있습니다" 혹은 "저는 최선을 다하고 있고 또 제 이상을 향해 노력하고 있습니다" 혹은 "지금 두 번째의 삶을 살고 있는 것처럼 열심히 살고 있습니다"라고 대답할 수 있겠니?

아니면 "지금의 제 삶은 위태롭고 나태합니다" 혹은 "저는 포르노에 빠져 있습니다" 혹은 "담배와 술에 중독되어 있습니다"라고 말하겠니?

사실 소크라테스는 이미 2,500년 전, 자신의 내면의 세계에서 울려나오는 소리, 즉 양심의 소리인 '다이몬(daimon)'의 물음에 항상 대답하면서 살았지. 또 그 사실을 아테네의 젊은이들에게 전파했단다. 그래서 소크라테스의 죄목이 아테네 사람들이 믿고 있던 신과는 다른 신을 전파했다는 것이었다.

결국 소크라테스는 젊은이들을 타락시켰다는 죄목으로 사형 언도를 받았을 때 친구들은 그를 탈출시키려 했지. 이때 소크라테스는 '다이몬'의 소리가 들리지 않는다면서 거절했단다. 그리곤 최후의 독배를 마셨지.

소크라테스의 사상을 이어받은 플라톤과 아리스토텔레스는 이 '다이몬' 사상을 이어받고 발전시켰지. 그리스 말로 행복을 '에우다이모니아(eudaimonia)'라고 하는데, 그것은 '좋은 다이몬을 가지고 있는 상태'를 말한다. 달리 말하면 삶의 행복이란, '좋은 다이몬'의 목소리에 대답하는 상태라는 것이지.

너 또한 소크라테스처럼 너에게 중요한 순간이 찾아올 때마다 질문을 던지는 '다이몬'의 존재를 인정하렴. 하지만 그것이 21세기에 사는 너에게 너무 낯설게 여겨진다면, 엄마와 내가 너에게 속삭이듯 항상 무엇인가 묻고 있다는 걸 잊지 말아라. 혹은 묻고자 하고 있다는 것을……. "너는 오늘 무얼 했느냐?" 하고.

너는 누가 네 행동을 보지 않는다면 무엇이든 마음대로 할 수 있다고 생각해 본 적은 없니? 엄마, 아빠가 출타하고 집에 너밖에 없을 때, 다른 친구들은 다 운동장에 나가고 너 혼자 교실 안에 있을 때 물론 너는 홀로 있는 거다. 그러나 사실은 너 혼자 호젓하게 있는 게 아니다. 너에게 물음을 던지는 삶의 목소리, 너에게 네 책임을 다했느냐고 묻는 목소리는 언제나 너와 함께 있음을 기억하거라.

선택한 것에 대한 책임

우리는 살아가면서 끊임없이 선택을 하지. 무슨 옷을 입을까, 무얼 먹을까, 또 무슨 수업을 들을까, 시간을 어떻게 쓸까 등등 생활은 끝도 없는 선택의 연속이다.

일단 네가 선택을 했으면 그 선택에 대해서는 책임을 져야 한다. 네가 입을 옷을 선택한 후 사람들이 그 옷에 대해서 칭찬을 하든,

혹은 유행에 뒤떨어졌다고 핀잔을 주든 그것은 네가 선택했기 때문에 그 책임을 받아들여야 하는 것이다. 또 네가 식당에서 음식을 선택해서 주문했다면, 그 음식 맛이 있든지 없든지 간에 너는 책임을 져야 한다. 그 책임은 음식값을 지불해야 한다는 의미지.

물론 어렸을 때는 엄마가 너 대신 선택을 해줬다. 옷도 엄마가 선택해 주었고 학원도 선택해 주곤 했지. 왜 한 번은 네가 "엄마가 학원을 잘못 선택해서 공부가 잘 안 된다"고 불평을 늘어놓은 적도 있잖니.

너는 무엇보다 네가 선택한 것에 대해서 책임을 져야 한다. 네가 친구를 선택했다면, 그 친구에 대해서 책임을 져야 한다. 친구 때문에 네가 잘못되었다고 "얘가 하자고 해서 그랬어요" 하고 핑계를 대서는 안 된다. 너는 자유의지를 가진 어엿한 존재가 아니냐.

네가 책을 선택했다면 그 책이 좋은 책이든 나쁜 책이든, 그 책에 대해서 책임을 져야 한다. "그놈의 포르노 만화 때문에 내가 망했어요"라고 할 수는 없는 일이다.

네가 특정종교를 받아들였다면 거기에 대해서도 책임을 져야 한다. 혹은 네가 어떤 동아리에 가입하면서 네 삶의 방식을 선택했다면, 그것의 책임 또한 전적으로 네가 져야 한다. 그건 바로 누구도 대신 살아줄 수 없는 네 삶이기 때문이지.

선택이라는 행위와 선택의 자유가 네 책임의 근거다. 자기 결정 내지 자기 규정이란 다른 어떤 것에 의해서 정해지는 것이 아니라 순수하게 자기 자신으로부터 그리고 자기 자신에 의해 결정되는 것을 의미한다.

사물들은 서로가 서로를 결정하지. 즉 칠판이 있고 백묵이 있다는 식이다. 칠판만 있고 백묵은 없다면 얼마나 황당한 칠판이 되겠니? 이와 마찬가지로 바늘은 실이 규정하고 실은 바늘이 결정한다. 또 하늘과 땅도 같은 이치다. 하늘이 땅을, 땅이 하늘을 결정하는 것 아니겠니.

인간은 자기 결정적 존재

사람도 물론 다른 사람들, 다른 환경에 의해서 결정되기도 한다. 하지만 궁극적으로 인간은 자기 결정적인 존재다. 자기 자신이 어떤 인간과 어떤 존재가 되는가 하는 것은 비록 주어진 재능과 환경의 범위 안에서 다소 영향을 받지만 결국은 스스로가 결정하는 것이다.

예를 들면, 최악의 생활환경 속에서 조직폭력배, 마약 중독자, 소매치기가 될 수도 있고 자신의 결정에 따라 모범적인 소년소녀가장이 될 수도 있다. 바로 이 두 개의 가능성에 대해서 너는 책임을 가지고 있다.

이제 네가 선택한 것에 대해서 책임을 져야 한다는 것의 의미를 알겠니? 그 의미를 안다면 그것이 바로 네가 어른이 되고 있다는 증거다. 선택한 것에 대하여 책임을 져야 한다는 것은 결코 쉬운 일이 아니다.

옛날 중국의 미생이라는 사람은 친구를 다리 아래서 만나기로

하고 다리 밑에서 기다렸지. 하지만 친구는 나타나지 않았다. 그래도 미생은 끝까지 자신의 약속에 책임을 지고 그 다리를 떠나지 않다가 비가 와서 강물이 불어날 때까지 기다렸단다. 그러다 결국 범람한 강물에 떠내려가고 말았지.

물론 네가 미생처럼 너의 선택에 대해서 그렇게까지나 우직할 필요는 없을 거야. 하지만 그렇다고 해도 "달면 삼키고 쓰면 뱉는" 식으로 선택을 편의의 문제로 환치시켜서는 안 된다. 그렇기 때문에 너의 선택은 신중해야 한다. 일시적인 기분과 감정에 좌우된 선택을 내린 후에 후회하는 사람이 얼마나 많은지 아니?

너는 신중하게, 심사숙고한 판단에 의해서 선택하는 걸 연습해야 한다. 학교의 선택, 학과의 선택, 진로의 선택, 결혼 배우자의 선택은 입는 옷의 선택, 음식의 선택과는 비교할 수 없을 정도로 엄중한 선택임을 잊지 말아라.

순간의 선택이 일생을 좌우한다는 것은 심한 비약이지만, 반려자의 선택 같은 문제는 일생을 좌우할 수도 있는 일이란다. 순간의 기분이 중대한 선택을 내릴 때 개입돼서는 안 된다. 너의 삶에서 끝내 그 책임을 져야 할 사람은 바로 너이기 때문이다.

선택하지 않은 것에도 책임은 있다

물론 너는 네가 원해서 이 세상에 태어난 것은 아니다. 그래서 때때로 "나는 이 세상에 던져졌다"라는 말이 실감나지 않니. 따라서 우리의 삶과 존재가 덧없다고 생각할 수도 있다. 그러나 선택되지 않는 삶도 책임감을 만들어낸다는 걸 명심해라. 선택에는 자기 결정의 가능성과 범주를 넘어가는 것이 있다는 것을 알아야 한다.

이번에는 너의 재능을 보자. 네가 글을 잘쓰는 재능이 있다면, 그건 네게 주어진 것이지, 네가 선택한 것은 아니다. 하지만 그것에 대해서 잘 계발해야 될 책임은 네게 있다고 볼 수 있지 않겠니. 또 네가 부모님을 선택한 것도 아니다. 그렇다고 해도 사람들은 부모님에 대하여 일정한 책임은 지고 살아가잖니.

성경에 흥미로운 이야기가 있구나. 어떤 주인이 여행을 떠나면서 자신의 하인 셋에게 일정한 돈을 맡기고 자신이 6개월 후 돌아올 때 이익을 남길 것을 당부했지. 그리하여 첫 번째 종에게는 5개의 탈렌트를 주었고 두 번째 종에게는 3개의 탈렌트, 그리고 마지막 종에게는 1개의 탈렌트를 맡겼다.

6개월 후 주인이 돌아와서 하인들에게 결산을 받는 자리에서 5개의 탈렌트를 받은 하인은 10개의 탈렌트를 바쳤단다. 주인은 칭찬을 하고 상을 내린다. 역시 두 번째의 종도 6개의 탈렌트를 바쳐 주인을 기쁘게 했지.

그러나 마지막 종은 퉁명스럽게 말한다. "1개의 탈렌트를 땅 속에 묻어 놓았으니 주인께서 파 가지시오" 이때 주인은 격노하면서 질책을 한다. "이 게으른 하인아, 내가 준 그것을 은행에라도 맡겨서 이자라도 받았어야 하지 않았느냐" 하고.

아마도 그 종은 다른 사람한테는 많은 탈렌트를 주었는데, 유독 자기에게만 적은 탈렌트를 준 주인이 원망스러웠을지 모른다. 결국 그 게으른 종은 중벌을 받게 되었지.

탈렌트를 적게 받은 것은 하인의 선택이 아니었다. 하지만 그 돈을 불려 이익을 만들 책임은 주어졌다. 그래서 책임을 다하지 못한 종은 벌을 면할 수가 없었지.

너는 어떠니? 네가 선택해서 태어난 삶은 아니지만, 또 네가 선택하지 않은 '탈렌트', 즉 자질이 있다면, 그것에 대해서 너는 책임이 있지 않을까. 아니, 우선 네가 받는 '탈렌트'가 얼마나 되는지부터 알아보아야 하지 않을까. 사실 영어에서 '자질'을 뜻하는 '탤런트(talent)'가 바로 이 성경 이야기에 어원을 갖고 있다는 점이 매우 흥미롭구나.

너는 때때로 재주가 없다고 한탄하지만 왜 재주가 없겠니? 굼벵이도 기는 재주가 있다는데……. 너의 잠재되어 있는 가능성, 그러면서도 실현되지 못한 자질을 찾아보렴. 너는 네가 받은 '탈렌트'에 대한 책임자이므로 네가 받은 것은 그 무엇도 취소할 수 없고 아무것도 없애버릴 수 없다.

희노애락의 거울인 얼굴

너는 물론 네 삶에 대해 책임이 있지만, 남에 대해서는 얼마나 책임이 있을까? 남에 대하여 책임이 있다는 걸 느껴본 적이 있니?

물론 부모는 자녀에 대해서 책임이 있지. 그렇다면 너도 엄마에 대해서 책임이 있지 않겠니? 어버이날 엄마 아빠 가슴에 카네이션을 달아드리는 것도 일종의 네 책임이다.

하지만 문제가 있단다. 네가 너 자신에 대해서 뿐만 아니라 다른 사람에 대해서도 책임이 있다는 걸 어떻게 알 수 있겠니? 왜 너는 도움의 손길을 내미는 친구에 대해서 책임을 느끼게 되니? 왜 너는 힘들어 하고 고민하는 친구에 대하여 책임을 느끼게 되니?

그것은 다름이 아니라 친구의 얼굴, 엄마의 얼굴이야말로 네가 그들에게 해줘야 할 어떤 것을 간절히 말해 준다고 볼 수 있지 않을까.

너 혹시 모래밭에서 동그라미를 그리려다 머릿속에 떠오르는 사람의 얼굴을 그려보지는 않았니? 왜 그의 손이나 발가락을 그리지 않고 얼굴을 그렸니? 그의 얼굴이야말로 그를 떠올릴 수 있는 가장 뚜렷한 그 무엇이 아닐까. 그의 얼굴은 우리에게 많은 것을 말해 주고 있지.

너는 그런 경험을 해보았을 것이다. 친구에게 한 약속을 지키지 못해 괴로운 마음을 가지고 있다면, 약속이 깨져 침울한 표정인 친구의 얼굴을 똑바로 바라보기가 미안했을 것이다. 또 네게 정말로 진실을 알고 싶어하는 표정으로 묻고 있는 친구의 얼굴을 똑바로 바라보면서 태연스레 거짓말을 할 수 있겠니. 또 네게 간절한 표정으로 도움을 구하고 있는 친구의 얼굴을 바라보면서 안 된다고 딱 잘라 거절을 하기는 힘든 노릇이다.

그리고 보니 너는 살아가면서 다른 사람의 얼굴을 잘 쳐다보지 않는구나. 물론 우리 사회에서는 예전부터 다른 사람, 특히 자기보다 나이 많은 사람의 얼굴을 똑바로 쳐다보는 걸 예의에 어긋난다고 가르쳤지. 남의 얼굴을 빤히 쳐다보는 것은 실례라고 생각해서 가능한 남의 얼굴과 눈길을 마주치지 않는 것이 올바른 태도라고 생각하기에 이르렀다.

하지만 결코 그런 것은 아니다. 길가에서 네가 발을 밟는 사람에게 "미안합니다"라는 말을 할까 말까 망설일 때 그의 얼굴을 한 번 쳐다보렴. 그가 아파하는 표정은 너에게 사과하기를 간절히 요구하고 있는 것이 아니겠니.

혹은 우락부락한 행상인한테 강매를 당하는 네 옆에 앉은 사람의 얼굴을 보아라. 그의 얼굴에는 너에게 도움을 요청하는 간절한 눈빛이 묻어나고 있을 것이다. 네가 상대에게 어떻게 하면 좋을지 잘 모를 때는 그 사람의 얼굴과 눈빛을 보면 모든 걸 알 수 있을 거야.

그의 수심 어린 얼굴에 응대해라

너는 살아가면서 자주 다른 사람의 얼굴을 바라보렴. 그리고 그의 표정을 유심히 살펴보렴. 그의 얼굴이 너에게 말을 하고 있다는 것이 신기하지 않니. 하지만 이건 사실이다. 그의 눈, 그의 얼굴이 말하고 있는 바를 외면하지 말아라. 너의 '책임', 네가 혹시 잊고 있을지도 모르는 너의 책임을 일깨워주고 있는 것이 바로 그의 '얼굴'이다.

네 주위에는 왕따인 친구가 있지? 물론 너도 그 친구가 특별히 싫어서 피하는 것은 아닌 줄 안다. 다른 사람들이 그 친구를 외톨이로 만드니까 너도 그냥 별다른 마음 없이 재미로 따라서 하는 것이 아니겠니.

하지만 그 왕따 당하는 친구의 그 얼굴과 표정, 그리고 눈빛을 보렴. 그 겁먹은 얼굴, 그 외로운 표정, 어디선가의 도움을 간절히 구하고 있는 눈빛, 그것은 바로 그에 대한 너의 배려의 책임을 일깨워 주고 있는 것이 아닐까.

너는 그 수심이 어려 있는 얼굴, 그 외로운 표정에 응대할 수 있겠니. 너는 부디 그의 얼굴에 응대하도록 하여라. 그를 다독거리고 따뜻한 얼굴로 그에게 다가가보렴.

CHAPTER

17

행복은 성적순이 아닌 감동순

혼자 생활을 히거니 다른 사람들괴 관계를 맺으며 생활을 할 때 지켜야 할 원칙이 있다.
인생을 가치 있게 살고자 원한다면 기꺼이 자신을 희생할 준비가 되어 있어야 한다는 것이다.
- 톨스토이 -

안톤 슈낙은 말했다. 나를 슬프게 하는 것이 많다고. 동물원 안에 있는 호랑이의 불안과 초조, 괴로움에 찬 포효, 오랫동안 사랑하는 이의 편지가 오지 않을 때, 휴가의 마지막 날, 가을에 떨어지는 낙엽과 바이올린의 G현…….

그렇다면 너를 슬프게 하는 건 뭐니? 친했던 친구가 갑자기 전학을 갈 때, 날마다 우편함을 열어보건만 한 통의 엽서도 없을 때, 이메일함에 다정한 친구로부터의 소식은 없고 스팸메일만 수북히 쌓여 있을 때.

그러나 어찌 슬프게 만드는 것만 있겠니. 너를 화나게 하는 것도 있지 않니? 줄 설 때 새치기하는 사람, 나를 밀치고도 한 마디 말없이 지나가는 사람.

그런가 하면 너를 기쁘게 하는 것도 있지. 월드컵에서 한국팀이 유럽의 최강팀들을 물리치고 4강에 들었을 때, 네가 좋아하던 선생님이 담임선생님이 되었을 때, 힘들여 준비한 시험에서 좋은 성적이 나왔을 때, 또 ARS 퀴즈에서 당첨되어 상품을 받게 되었을 때, 오랫동안 병석에 누우셨던 아버지가 병을 털고 일어나셨을 때.

그렇다면 너를 감동하게 만드는 것도 있지 않겠니. 그것은 무엇일까? 무엇보다도 네가 살아가면서 성취한 것, 그것이 작은 성취이든 혹은 큰 성취이든 감동스러운 것이지. 네가 백일장에서 글을 잘 써서 일등상을 탔다면 감동스러운 것이다. 혹시 너는 우승 소감을 말하면서 감격에 겨워 울지는 않았니.

하지만 살아가면서 네가 모든 걸 성취할 수는 없다. 백일장에서 일등했다고 해서, 사생대회에서도 가작에 들고 또 피아노 콩쿨대회에서도 금상을 탈 수는 없지 않겠니?

그렇다면 너 스스로 그림을 잘 그리지는 못하지만, 남의 멋진 그림을 보면서 남의 피아노 연주를 듣고 감동할 수는 있다. 삶이란 치열하게 살아가면서 무엇을 성취하는 것이기도 하나, 네가 성취하지 못한 것을 체험하고 감상하며 즐거워하는 것이기도 하다.

황홀의 경험, 감동

자연을 보고 감동한 적이 있니? 채송화를 보고 어쩌면 이렇게 작은 게 아름다운가 하고 감동하고, 분주하게 왔다갔다하는 개미를 보고 어쩌면 이렇게 열심히 일하는가 감동하고, 맴맴하는 매미를 보고 어쩌면 이렇게 열심히 노래하는가 하고 감동하고, 시멘트 담장 틈으로 피어나고 있는 제비꽃을 보고 그 연약한 것의 생명력에 감동하고…….

또 들판의 억새풀이며 이름 모를 다양한 야생화들을 보고 감동하고, 월동하기 위해 시베리아에서 우리나라까지 날아온 재두루미의 기품 있는 모습을 보고 감동하고, 심지어 모래알 하나에도 이슬 맺힌 풀잎 하나에도 감동하고…….

어디 자연뿐이겠니? 연못에 빠진 아이를 건지려다 스스로의 목숨을 바친 아저씨의 뉴스에 감동하고, 전철의 철로에 떨어진 취객의 목숨을 건지려다가 전동차에 치어 목숨을 잃은 사람의 이야기를 듣고 감동하고, 콩나물 장사로 억척같이 돈을 모아 그 돈을 학교에 기부한 할머니의 이야기에 감동하고, 부상당한 몸으로 수술을 옆의 전우에게 양보하다 결국 숨을 거둔 어느 군인의 이야기에 감동하고…… 그 모두가 가슴 뭉클한 이야기로구나.

감동은 일종의 초월의 체험이요, 황홀의 경험이란다. 그야말로 감동할 때마다 느낌표(!) 하나가 네 마음에 세워지는 것이다. 이런 느낌표는 네 마음 한가운데 많이 세워질수록 좋은 것이다.

그런 말 들어봤지. 행복은 성적순이 아니라고. 그렇다면 행복은 노력순일까, 아니면 능력순일까? 그것도 아니라면 행복은 출세순일까?

모두 아니다. 노력해도 행복은커녕 절망을 느끼는 사람, 능력을 많이 갖춘 것에 자만해서 오히려 절망의 늪에 빠지는 사람, 출세한 다음부터 찾아오는 스트레스에 시달리는 사람 또한 우리 주위에 많은 것이 현실이다.

만나기 전에는 그렇게 보고 싶었던 사람도 보고 난 순간부터 시들해지는 것처럼, 성취와 출세도 그 순간부터 시들해지는 것 아니겠니? 성취와 출세 다음에 엄습하는 고뇌는 행복의 무상을 말하고 있구나.

행복은 노력순, 능력순, 출세순이 아닌 감동순임을 기억해라. 살면서 감동을 더 많이 받은 사람은 더 많이 행복해지고 감동을 적게 받는 사람은 더 적게 행복해진다. 네 행복의 양을 어떻게 가늠할 수 있겠느냐마는, 네가 감동하는 만큼 네 삶이 행복해지는 것은 확실하다.

감동하는 만큼 풍성해지는 삶

또 감동하는 만큼 삶이 풍성해진다. 감동이 많은 사람은 눈시울도 잘 붉히고 눈물도 잘 흘리지. 마치 고장난 수도꼭지처럼……. 감동 없이 사는 사람, 일상에서 가슴에 뜨거운 그 무엇을 느끼지 못하는 사람이야말로 목석과 같은 사람이 아닐까.

너는 오늘 얼마나 감동했니. 자연을 보고 얼마나 가슴이 뭉클했니. 너는 오늘 들판에 핀 꽃들을 보고 그냥 지나치지는 않았을 테지? 새들이 막 지저귀는데 거기에 대해서 감탄하지는 않았니? 밤하늘에 별들이 영롱한데 그 별들을 보고 "별 하나 나 하나, 별 둘 나 둘" 하면서 세어보기는 했니? 하늘의 보름달을 보고 계수나무 아래서 방아를 찧고 있는 토끼를 그려보았니?

혹시 오늘 네 주위의 사람을 보고 감동한 적이 있니? 지하철 안에서 노약자에게 자리를 양보하는 사람을 그냥 무덤덤하게 본 것은 아니니? 또 장애인을 도와 휠체어를 밀어주는 사람을 보고 그냥 지나친 것은 아니겠지. 혹시 가출한 친구를 찾아 한사코 그를 설득하여 학교로 다시 데려온 친구를 보고 '멋있는 친구'라고 칭찬해 줬니?

그랬다면 너는 오늘 무척 행복한 사람이 되었구나.

5월의 자연 예찬

봄은 너무 빨리 지나가고 있는 듯하다. 버들강아지에 물이 오른 것을 본 게 엊그제 같은데 벌써 5월 말이다. 관악산이든 북한산이든 닥치는 대로 아무 산이나 오르면서 더 늦기 전에 봄 내음을 만끽하고 싶구나. 도시생활에 찌들려 살수록 모든 걸 뿌리치고 자연 속에 파묻혀 살고 싶은 생각이 굴뚝같다.

너도 이런 생각을 가져본 적이 있니? 하기야 너는 젊으니 자연의 봄이 아쉽게 느껴지지 않을지도 모른다. 하지만 너도 산과 언덕을 오르내리면서 한 번 정신없이 자연에 취해 보렴.

멀지 않은 들판에 나가보면 꽃들이 만발하고 나무들이 푸르러진 풍요로운 세계가 성큼 다가온다. 우아한 장미가 있는가 하면 소박한 민들레도 있고, 벚꽃이 화사하게 피어나는가 하면 가냘픈 패랭이꽃도 자태를 뽐낸다. 몇십 년 된 우람한 소나무들이 우뚝 서 있고 이름 없는 들풀들도 봄기운을 만끽하고 있다.

그래서 성경에서조차 저 유명한 이스라엘의 솔로몬왕이 누린 부귀영화도 이름 없는 들꽃의 아름다움을 따라가지 못했다고 말했나 보다.

이처럼 자연의 세계가 더없이 아름답지만, 아름다움보다 더 놀라운 일이 있단다. 너는 장미나 벚꽃의 화사한 미가 있다고 해서 민들레의 소박한 미가 바래지는 것이 아니라는 사실을 알고 있겠지. 또한 아름드리 나무가 하늘을 찌를 듯하다고 해서 이름 모를 들풀의 생명력이 퇴색되는 것은 아니라는 점도 신비스럽게 느껴지지 않니.

웅대한 것은 웅대한 대로, 작은 것은 작은 대로 각기 고유한 가치와 빛을 내뿜고 있는 것이 자연의 모습이다. 이름 없는 작은 꽃이라고 해서 화려한 꽃에 대해서 콤플렉스를 느끼기는커녕, 찬란하게 피어나고 있는 것이 경이로울 뿐이다.

자연에 비하면 우리는 얼마나 부질 없는 비교와 불필요한 경쟁에 목숨을 거는 세계에 살고 있는 셈이니. 너의 학교에서도 키가 작은 숏다리는 롱다리만 보면 기가 죽는다며? 또 쌍꺼풀이 아닌 사람은 쌍꺼풀 수술을 한 사람 앞에 주눅이 든다면서? 왜 아니겠니? 어른들 세계에서도 몸매가 넉넉한 사람은 날씬한 사람을 닮지 못해 애를 태우고 있다.

모든 꽃들이 장미와 벚꽃을 닮고자 질투나 경쟁을 하지 않는 것이 자연세계다. 다양성 속에서 조화를 이루는 거지. 행여나 꽃들이 너나 할 것 없이 장미나 장미의 아류가 되고자 했다면 자연세계는 얼마나 멋없고 단조로운 세계로 전락했을까라는 생각을 해보았니?

가을의 자연 예찬

 가을에 산길을 올라가면서 마지막 잎새조차 털어버린 나무들과 마주쳐본 적이 있지? 너, 그들과 인사했니? 가을의 나목(裸木), 한때는 제각기 영화를 누렸던 나무들, 한때의 영화는 속절 없이 가버렸지만 가버린 것은 나의 군더더기일 뿐 전체는 아니라고 소리치고 있는 가을의 나목. 또 버려야 할 것이 무엇인지 알고 그 군더더기를 아낌없이 버리는 가을의 나무, 그나마 한때는 제 삶의 이유였던 것들, 제 몸의 전부였던 것을 아낌없이 버리면서 맨몸으로 생의 절정에 서는 나무들이 너무 감동적이다.

 낙엽의 계절에 단풍드는 나무들을 보면서 너도 황홀한 빛깔로 물들 수 있다는 생각을 해보지 않았니? 스스로 소중히 키워 왔으면서도 이제는 무거워진 것들을 하나씩 내려놓는 나무들을 보아라. 모으는 것에만 힘을 쏟지 말고 버리는 데에도 힘을 쏟아야 한다는 걸 깨달을 수 있을 것이다. 버리는 것의 아름다움을 깨달을 수 있다면, 너도 나무처럼 아름답게 불탈 수 있을 거야.

너 자신이 감동스러운 걸 만들 수도 있겠구나!

 이제 자연만 보고 감동하며 눈물흘리기보다 아름다운 행동을 하는 사람을 보고 감동하기보다 네가 실제로 감동을 만들어보는 것이 어떻겠니. 무대를 보면서 박수치고 감동의 무대의 관객이 되어 감동의 눈물을 흘리는 것도 좋지만, 네가 스스로 감동의 주연이 될 수는 없겠니?

　주연이 어렵다면 조연이 될 수도 있단다. 남이 어려운 산 등반에 성공해서 감동의 물결을 일으키는 걸 보고 너도 등정에 오를 수 있지 않을까. 친구가 실패해서 좌절하고 있을 때 따뜻한 말을 함으로써 친구를 감동시킬 수 있을 게다. 또 친구가 없는 자리에서 그 친구를 칭찬함으로써 나중에 그 소식을 전해들은 친구의 마음을 뭉클하게 할 수 있다. 허물을 감싸주고 칭찬에 너그러움으로써 너는 감동의 물결을 일으킬 수 있지.

　혹시 이사를 가면서 떠나는 집에 꽃 한 송이를 놓고 편지를 써놓으면 어떻겠니. 새로 이사올 사람에게 "축하와 행복을 빈다"는 짤막한 메모를 남길 수도 있을 것 같구나.

　혹시 어버이날 카네이션만 달아드리지 말고 따뜻한 마음을 글로 전하면 어떻겠니. 혹은 정든 선생님께 고맙다는 이메일을 보내면 어떻겠니. 때로는 네가 엄마한테 잘못한 것에 대해서 글을 써놓을 수 있지 않겠니.

　혹은 너와 싸운 친구에게 너의 사과하는 마음을 담아 사과 하나를 보내면 어떻겠니? 네가 보낸 빨간 사과에 친구가 감동할 것 같구나. 또 청소부 아저씨에게 명절날 떡 한 접시나 양말 한 켤레를 드릴 수도 있을 거야.

　또 너만의 파티를 할 수 있지 않겠니. 너 스스로를 보면서 일기도 쓰고 글도 쓰면서……. 때로는 꽃동네에서 자원봉사를 함으로써 그 무의탁 노인들을 감동시키고 혹은 고아원도 가서 의지할 곳

없는 아이들에게 감동을 주고 또 양로원도 가서 외로운 할머니들의 가슴을 뭉클하게 해보렴.

일일보모 노릇도 할 수 있지 않겠니. 네가 고아원에 가는 그 자체, 양로원에 가는 실천 자체가 그들에게 감동으로 다가올 수 있지 않을까. 혹은 네가 크리스마스날 선물을 가지고 달동네 아이들의 산타클로스가 되는 것은 어떨까.

너 스스로 감동의 물결을 만들어보렴. 너는 할 수 있다. 다른 사람을 감동하게 만들려면 무엇보다 감동의 이유를 주어야 한단다. 사람들이 감동하는 데는 어떤 이유가 있어야 하기 때문이지. 일단 사람들이 그 이유를 알게 되면 그 다음에는 자동적으로 감동을 받는다.

감동에서 이유를 찾아야 할 필요성. 이 필요성은 인간만이 특별하게 가지고 있는 또 다른 특성인 웃음과 비슷하다. 만일 네가 누군가를 웃기고 싶다면, 그에게 썰렁한 유모라도 해서 웃을 만한 이유를 제공해야 한다.

그렇지 않고 네 친구에게 웃으라고 아무리 채근해 봤자 소용이 없을 것이다. 네가 채근이나 사정해서 그 친구가 웃는다면, 그것은 '억지 웃음'이나 '쓴웃음'일 뿐 진정으로 웃고 있는 것은 아니지 않겠니?

물론 웃으라고 강권하는 방법이 없는 것은 아니다. 즉 카메라 앞에서 포즈를 취하고 있는 사람들에게 '김치'나 '치즈'라고 소리치라고 지시하는 것이 그것이다. 하지만 나중에 사진을 보면 억지로 '김치'나 '치즈'를 발음함으로써 나타나는 인위적인 미소 속에 그들의 얼굴 표정이 굳어 있는 것을 볼 수 있겠지.

그렇다면 다른 사람들에게 감동을 강요하지 말아라. 오직 네 행동과 몸짓을 통하여 감동해야 할 이유를 제공함으로써 그들을 감동시켜라.

자기 실현에만 집착하지 말아라

어떻게 감동시키는 삶을 살 수 있을까? 너이면서도 네가 아닌 너, 즉 '또 다른 너', '알텔 에고(alter ego)'를 지향해 보렴. 물론 '또 다른 너'라는 것이 어려운 말로 느껴질 수도 있겠지. 하지만 너는 너 자신 안에서 고착되지 말고 너 자신이 아닌 다른 어떤 것, 또는 너 자신을 뛰어넘는 어떤 것, 다른 누군가에게로 주의를 돌릴 수도 있어야 한다. 그것은 남을 보고 남과 비교하라는 것이 아니라 너 자신을 초월할 줄 알아야 한다는 뜻이다.

물론 너 자신이야말로 실현해야 할 의미의 원천, 또한 피어내야 할 삶의 꽃이다. 하지만 때때로 너 자신에 대해 잊으면 잊을수록 그만큼 너는 보다 더 너다워지며 너 자신을 훨씬 훌륭하게 실현시킬 수 있음을 잊지 말아라.

사람들은 자기 실현을 위해 치열하게 노력하지만 그럴수록 오히려 목표에서 빗나가는 역설적인 상황에 부딪히고 있지 않니. 사실 운동경기에 임하는 운동선수에게 승리에 집착하지 말고 마음을 비우라고 하는 까닭도 여기에 있다.

운동선수들로서는 승리를 이루는 것이 자기 실현을 이루는 것인데, 왜 그걸 잊어버리라는 걸까. '내가 꼭 이겨야 한다'는 집념에서 벗어나 '져도 좋다'는 생각, 즉 자기 자신의 성취를 넘어선다는 생각을 할 때, 긴장도 풀리고 더 좋은 기록도 나올 수 있기 때문이다.

'자기 실현'은 소중한 것이지만 '자기 초월'의 부수적 결과로 보면 어떻겠니. 사실 네가 병을 앓고 있다면 어떻게 네 자신을 실현할 수가 있단 말이냐. 또 너에게 능력이 있다고 해도 주변 여건이 너무나 열악하다면 너 자신의 가능성을 실현하기가 쉽지 않겠지. 또 네가 병에 걸린 어머니를 간병하기 위하여 학업을 포기할 정도로 자기 희생을 했다면, 그것은 너를 '실현' 시켰다기보다는 너 자신을 한 단계 '초월' 한 것으로 보아야 하지 않을까.

희망을 거슬러 희망을 성취한 사람

팔다리도 쓰기 힘든 중증 장애인에게 자기 실현을 기대하는 것은 무리다. 그가 팔다리도 잘 못쓰는데, 또는 교통사고로 다리를 절단해야 하는데, 아무리 등산에 관한 천부적 재능을 가지고 있다 해도, 그걸 실현시킬 수는 없는 일이다. 하지만 팔다리를 잘 쓰지 못한다고 해도 입으로 붓을 물고 그림 그리는 법을 배웠다면, 그것은 자기 실현이라기보다 자기 초월로 보아야 하지 않겠니?

또 부하를 살리고자 수류탄에 스스로를 던져 산화한 군인, 또 무너지는 건물 속에 있는 아이를 구하기 위해 들어갔다가 순직한 119

대원, 또 나환자들을 위하여 일생을 헌신하고 있는 수녀, 이들은 모두 살신성인의 사례며, 동시에 자기 초월의 사례인 것 같구나.

이들은 한마디로 희망을 거슬러 희망을 가졌고, 자신을 불살라 버림으로써 불가능해 보이는 그 어떤 가치를 실현한 사람들이기 때문이다. 심청이도 죽음을 자원함으로써 자신을 실현했다고 하기보다는 자신을 초월했다고 하는 편이 온당하지 않겠니?

자기 초월이란 자기 힘으로 바꿀 수 없는 운명에 직면한, 희망 없는 상황에 처한 희망 없는 희생양조차도 자기 자신을 뛰어넘고 초월하여 성장할 수 있음을 보여준다. 또 그렇게 함으로써 자신을 변화시킬 수 있음을 입증하는 셈이다.

그런 사람은 그가 직면한 말할 수 없는 개인적인 비극을 인간 승리로 바꿀 수 있는 사람이지. 갖은 역경 속에서 시련을 거듭하면서도 이에 굴하지 않고 오뚝이처럼 일어선 사람. 그런 사람을 인간승리로 본다면, 그건 바로 자기 자신을 뛰어넘어 어떤 위대한 것을 성취했기 때문이다.

사실 우리 주변에는 자기 자신의 고통과 어려운 처지에 대하여 소중한 것으로 생각하고 고귀한 것으로 간주하기보다는 부끄럽게 생각하는 사람들이 많지. 이들은 스스로 불행할 뿐 아니라 자신이 불행한 것을 부끄러워하는구나. 마치 사람들은 당연히 행복해져야 하며 불행이란 주어진 상황에 적응하지 못하는 불능의 한 증세에 불과할 뿐이라고 자책한다.

결국 사람들은 자신이 불행하다는 생각 때문에 더 불행해지는 비극적인 상황을 겪고 있다. 그러나 너는 그러한 상황이 왔을 때 너 자신의 고통과 불행에 대하여 절망하거나 부끄러워하지 말아라.

아름다워라! 자기를 초월한 사람들

불의의 사태로 네 자신이 하고 싶은 일을 못하거나 혹은 능력을 구현할 기회로부터 단절되는 상황은 언제든지 있게 마련이다. 이게 바로 운명의 불가피성이 아니겠니? 이때 너는 어떻게 하겠니. 절망의 나락으로 굴러 떨어지겠니? 그렇다면 성장을 그치는 수밖에 없단다. 마치 태엽을 감은 시계가 태엽이 다 풀려 중지되는 것처럼 말이다. 아니면 이러한 고통에 대한 도전을 용감하게 받아들임으로써 새로운 변화와 성장을 시도하겠니?

자연세계에도 자기 초월의 사례는 있지. 지나다니는 차에 치어 교통사고로 다리 하나를 잃고 세 발로 뛰어다니는 개가 있는가 하면, 또 한쪽 날개로 나는 수리부엉이도 있다. 애처롭지만 감동적이지 않니.

선수생활을 하다가 부상을 당해 선수생활을 접어야 했던 사람이 운동코치나 운동선수 지도자로 전환하여 성공적인 재기를 하는 경우가 있단다. 또 어떤 사람은 박사 논문 원고를 다 써놓은 다음 그걸 잃어버렸지. 그후 아예 박사학위를 포기했다. 하지만 원고를 잃어버린 후 새 논문 주제로 논문을 써서 학계에 이름을 날린 경우도 있다.

너는 입시전쟁이라는 최악의 상황에 처하다 보니 이렇게 생각하니?

 '내가 과연 대학에 갈 수 있을까. 만일 갈 수 없다면 이 모든 노력은 의미가 없을 텐데…….'

 하지만 대학에 합격하느냐 하는 것은 우연한 일일 수도 있단다. 중병에 걸린 사람이 수술로 나을 수 있느냐 없느냐와 같은 우연. 그러나 그 우연적인 것에 모든 의미를 걸고 자기 실현 여부를 가늠하는 것이 과연 현명한 태도일까? 시험에 떨어지더라도 혹은 수술에 실패하더라도 거기에서 무엇인가 가치 있는 것을 찾는 사람이라면, 자기 초월이 가능한 사람이라는 생각이 든다.

 나는 네가 자기 실현을 하기를 원하지만, 자기 초월을 할 수 있다면 더욱 감동스럽다고 생각한다.

CHAPTER

18

너만의 거울을 보는 법을 배워라

잠자리에 들기 전, 하루를 검토하라.
양심과 성실이라는 점에서 기뻐할 만한 일이었는지를.
불안과 회한처럼 무기력한 것은 아니었는지를.
- 헤르만 헤세 -

너 가끔 거울을 보지. 하루에 몇 번이나 거울을 보니? 그리고 창문도 보겠지? 거울을 본다는 것은 거울에 비친 너 자신을 본다는 것이 아니겠니. 반면 창을 본다는 것은 창을 통해 창 밖의 것들, 즉 타자를 본다는 뜻이다. 창을 통해 창 밖의 다른 사물들이 우리 시야에 들어오기 때문이다.

사람들은 특별한 경우를 제외하고는 거울에 비친 자신을 오랫동안 보고 있지는 않는구나. 자기 자신의 옷매무새를 보기 위해 거울을 보는 것이 고작이다.

물론 너는 거울 앞에 오래 앉아 있기도 하지. 자신의 모습에 취해서 오래 거울을 보기도 하니. 하지만 조심해라. 나르시스가 되어서는 안 되지. 나르시스는 자신의 아름다움에 도취되어 시간가는 줄 모르고 있다가 결국 하나의 꽃으로 변하는 벌을 받았구나.

너는 또 방의 창문을 통해서 아니면 차창을 통해서 지속적으로 창 밖을 보는 경우도 많지. 그 이유는 자기 자신이 아닌 다른 세계가 창을 통해 들어오기 때문이고, 참으로 신기하고도 재미있는 일들을 많이 볼 수 있기 때문이지. 창을 통해 보여지는 저 경치, 저 사람, 저 일상의 풍경들…….

마법의 거울, 소망의 거울

흥미롭게도 창과 같은 구실을 하는 '마법의 거울'도 있다. 백설 공주의 계모인 왕비는 매일 마법의 거울에 가서 외치곤 했지. "누가 이 세상에서 아름다운 사람인가" 하고. 그러면 거울은 왕비에게 "이 세상에서 누가 가장 아름다운 존재"인지를 알려준다. "바로 왕비 당신 자신"이라고.

'마법의 거울'은 엄밀하게 말하자면, '마법의 창'이었던 셈이다. 말만 거울이지 그곳에 비치는 것은 왕비 혼자만의 모습이 아니라 세상의 수많은 아름다운 여인들 사이에서 거울에 비쳐진 왕비의 모습이었기 때문이다.

왕비는 매일 이 '마법의 거울'에 서서 같은 질문을 하는 것을 낙으로 삼았지. 왜 그렇게 '마법의 거울'에 탐닉했을까? 다른 사람들과 비교해서 자신의 우월성을 확인하는 것에 단단히 재미를 붙였기 때문이 아니겠니. 그러다가 자신보다 더 예쁜 백설공주의 존재를 확인하게 되자 분노를 참을 길이 없었지.

이와 마찬가지로 여성들이 거울을 보는 것도 사실은 자기 자신을 깊숙이 바라보기 위해서가 아니라 남에게 보이기 위한 것이다. 남에게 얼마나 예쁘게 보일까 하고. 그래서 '마법의 창'이 된다.

『해리 포터와 마법사의 돌』에서 나오는 '소망의 거울'도 마찬가지로 '마법의 창'이다. 주인공 해리는 마법의 학교에서 '소망의 거울'을 발견하고 그 앞에 서게 된다. 하지만 해리가 거울 속에서 보는 것은 단순히 자신의 모습이 아니라 그가 아주 어렸을 때 여의었던 부모님의 모습과 열 명도 넘는 사람들이다. 해리는 소망의 거울을 본 이후로 삼 일 연속 몰래 기숙사를 빠져나와 그 거울 앞에서 시간 가는 줄 모르고 앉아 있게 된다. '소망의 거울' 역시 말만 거울일 뿐, 사실은 '마법의 창' 이었던 것이다.

나는 네가 살아가면서 창도 바라보아야 하지만, 거울도 보기를 바란다. 또 거울을 바라볼 때 창처럼 보이는 '마법의 거울'을 보지 말고 진짜 거울을 보길 바란다. 또 남에게 얼마나 예쁘게 보이는가를 알려고 보지 말고 너 자신을 알기 위해 보길 바란다.

네가 인터넷에 접속하는 것도 따지고 보면 너를 보기 위해서가 아니라 남이 그립고 다른 사람으로부터 무엇이 오지 않았나 궁금하고, 말할 상대가 없나 하며 점검하는 것이 아니겠니. 이렇게 매일매일 인터넷에 접속하다 보면 백설공주에 나오는 왕비처럼 '마법의 창'에서 눈을 떼기 힘들다.

키보드를 두드리고 마우스를 클릭하여 접속하고 모니터를 뚫어져라 응시하는 행위, 이것이야말로 '마법의 창'을 통하여 너의 세계가 아닌 다른 사람의 세계를 들여다보는 행위란다. 또 휴대폰과 문자메시지는 어떠니. 그것도 바깥으로부터의 소식이 궁금해서 항상 가지고 다니고 매번 확인하는 것이 아니겠니?

남을 비쳐보는 악동들의 거울

너는 거울을 보면서 남이 아닌 너를 바라보아야 한다. 또 다른 세계를 보여주는 거울에 너무 집착하지 말고 너만의 세계를 보여주는 거울을 바라보아라.

너 자신의 거울을 보며 고독의 세계에서 이루어내야 할 꿈이 있는데, 네 삶의 공간을 쉴새없이 방해하는 문자메시지와 채팅, 음악과 재잘거림, 떠들썩한 수다로 채워서야 되겠니. 창조를 위한 침묵, 자기 발견을 위한 고독을 배울 필요가 있지 않을까.

현실적인 여건이 어렵더라도 너만의 거울을 보는 법을 배워라. 네가 네 자신에게 낯선 존재일 때 다른 사람에게도 이방인이 될 수밖에 없다. 자기 자신과의 접촉이 없을 때 다른 사람과의 접촉을 잘 할 수 있다고 생각하니? 결코 그렇지 않다. 네가 네 자신을 속속들이 모르면서 어떻게 남에게 다가갈 수 있겠니?

정신없이 바쁘게 살아가더라도 일기를 쓰고 삶의 계획서도 만들어보렴. 또 그걸 점검해라. 네가 무얼 하고 있고 어디론가 가고 있는지는 반드시 너 스스로 알아야 한다. 이것이 네가 '마법의 거울'이 아닌 진짜 거울을 보아야 할 이유임을 기억해라.

영혼의 여백 가지기

너는 무척 바쁘구나. 공부하느라고 바쁘고, 또 즐기느라고 바쁘고. 하지만 아무리 바빠도 여백이 있어야 하지 않겠니? 글씨를 쓰고 남은 자리가 노트의 여백이다. 꽉 채우지 않고 남겨놓은 것, 그것은 어찌보면 낭비와 사치처럼 보일 수도 있단다. 하지만 그렇지 않다.

　사실 우리가 최소한으로 걸어갈 수 있는 길의 폭은 우리의 어깨 넓이 정도라고들 하지. 하지만 실제로 우리의 어깨 넓이의 길을 만들어놓고 그 옆을 가파른 낭떠러지로 깎아 놓고서 걸어가라고 한다면 걸어갈 수가 없겠지. 갓길이 필요한 것이 이 때문이다. 결국 필요 없어 보이는 갓길이 곧 여백이 아니겠니.

　마찬가지로 삶에도 여백이 있어야 한다. 너는 바쁘고 쫓기는 듯한 생활을 살더라도 쉬어가며 너 자신을 돌아봐야 한다. 선생님이 학생을 꾸짖듯 채근하는 것이 아니라 스스로 여유를 가지며 너 자신을 찬찬히 뜯어보는 것이다.

　몇 년 전 로마에 있는 성 베드로 성당을 가보았다. 대낮인데도 실내가 약간 어두웠고 아득한 천장에서 빛이 흘러내리고 있더구나. 그 높이가 족히 100미터는 넘어 보였다. 로마에는 약 1000여 개의 성당이 있는데, 성 베드로 대성당뿐 아니라 오래된 성당 모두가 천장이 높지. 성당을 웅장하게 짓다 보니 여백의 공간이 생겨난 셈이다. 그 공간이야말로 인간이 범접할 수 없는 '하느님의 공간'이라고나 할까.

　우리나라에도 명동성당이 있는 걸 알고 있지? '뾰족탑'을 가지고 있어 옛날 주변에 높은 건물이 없을 때는 누구나 어디서도 명동성당을 한눈에 알아볼 수 있었다. 그래서 '뾰족당'이라고 부르기도 했지. 결국 성당은 '뾰족탑'만큼의 높은 천장, 다시 말해 여백의 공간을 지니고 있었던 것이다.

　요즈음의 성당이나 교회는 다르다. 미사를 위해 성당을 찾아가지만 길게 숨 한 번 내쉴 '여유 있는 공간'이 없다. 더구나 신자들이 꽉 차 있으면 숨쉬기조차 힘들게 느껴지는구나. 성당에 들어가는 것이 사람들로 가득 찬 일반 강당에 들어가 있는 것만큼이나 힘들다.

성당천장이 낮아진 만큼 하느님의 높이도 낮아져 성당이 우리 인간 세상과 눈높이를 맞추려는 것일까. 그렇게 이해하기에는 뭔가 옹색한 느낌을 떨쳐버릴 수가 없다. 사실 교회 천장의 그 비실용적인 여백의 공간이야말로 우리 영혼이 숨쉬는 공간이라고 생각한다면, 어이 없는 망상일까. 그런데 그 공간이 사라지고 있구나.

너는 어떠니. 너의 영혼 안에는 여백의 공간이 있니? 네 영혼도 건폐율과 용적률을 따지는 건 아니니. 그렇다면 네 영혼이 마음놓고 숨쉴 수 있는 공간이 부족하겠구나. 지상의 바쁜 일에 노심초사하느라 하늘의 별을 못 본다면, 너 자신의 용적률을 야박하게 따진다면, 참으로 애석한 일이다.

네 안에 비실용적인 공간을 만들어 바쁜 일상 속에서 '아름다운 쉼표'가 될 수 있는 곳을 만들고 '영혼의 쉼터'를 만들면 어떻겠니. 벅차고 고된 일상 속에서 떠나 너 자신을 잠깐이지만 되돌아볼 수 있는 곳, 바쁜 시간 중에도 그런 여백의 시간을 만들어 보렴.

이카로스의 비극

그리스 신화에 나오는 '이카로스의 추락'을 들어보았니? 크레타 섬의 왕 미노스의 미궁을 만든 명장 다이달로스의 아들 이카로스의 비극적 죽음을 다룬 이야기다. 이 테마를 소재로 한 16세기 네덜란드 화가 브뤼겔의 그림도 매우 유명하지.

미노스는 다이달로스가 그 미궁을 만든 다음에도 여전히 크레타 섬을 벗어나지 못하게 하자 다이달로스는 아들과 함께 새의 깃털을 모아 큰 날개를 만든 뒤 밀랍으로 몸에 붙이고 탈출을 시도하게 되었다. 다이달로스는 경고했지.

"사랑하는 아들아. 날개가 바닷물에 잠기지 않도록 너무 낮게 날지 말아라. 또 너무 높이 날아서도 안 된다. 태양의 열기에 깃이 타버리면 추락할 것이다."

이카로스는 처음에는 조심했지. 그러나 시간이 지나면서 훨훨 날게 되자 자신감이 넘쳐 아버지의 경고를 잊고 점점 더 높이 올라갔다. 급기야 밀랍이 태양열에 녹으면서 바다에 떨어져 숨지고 말았지.

돈이란 바로 그런 것이다. 돈을 천하게 보아서는 안 되지만 그렇다고 돈을 향해서 날지는 말아라. 돈은 너무나 뜨거운 것이어서 너의 날개를 태울 뿐 아니라 너의 눈도 멀게 하지. 종국에는 너의 영혼을 파멸시키게 된다. 날개가 녹아버린다면 어떻게 날 수 있겠니. 설령 날개는 온전하다 해도 눈이 멀면 방향 감각이 없어지는데 어떻게 날 수 있겠니?

너의 꿈은 돈이 아니라 다른 데 있다. 새처럼 창공을 날아오르고 또 자유롭게 날아다니면서 이 나무에 머물러 정을 나누고 저 나무에 머물면서 자기 실현도 해야 할 것이다. 또 둥지도 틀지 않겠니?

무조건 하늘을 향하여 올라간다면, 네 자신감의 표출일 수는 있겠으나, 한편 무모한 도전이 될 가능성도 크단다.

　네가 돈을 많이 벌면, 그것으로 무얼 하겠니. 네가 아무리 잘 먹고 안락하게 산다고 해도 그 많은 돈이 필요한 것은 아니다. 결국 그 돈으로 할 수 있는 그 어떤 것, 가치 있는 그 무엇이 필요하지 않겠니. 그런 것 없이 끝없이 올라간다면 종국에는 추락할 수밖에 없다. 이 점이야말로 네가 돈을 향해서 무조건 날아가지 말아야 할 중요한 이유다.

금기를 너무 많이 만들지 말아라

　살다보면 중요한 때가 다가오고 운명의 날이 닥쳐올 때가 있다. 시험이 바로 그런 날이지. 대학시험, 취업시험 등등 말이다. 이때쯤 되면 머리끝부터 발끝까지 긴장되고 밥맛도 없어지고 잠도 잘 오지 않는다.

　우리는 이때 얼마나 작아지고, 왜소해지는 것이냐. 나의 운명이 어떤 것일까 하고 궁금해지지 않니? 그러다 보면 조심해야 할 것이 많이도 생각나는구나. 물론 시험이 아니더라도 삶에서 조심해야 할 것은 많다.

　옛날엔 미역국을 먹으면 시험에 떨어진다고 해서 시험보는 날에는 미역국을 먹지 않았지. 또 이사할 때도 점쟁이한테 가서 날짜를 잡아왔다. 손이 없는 날을 길일이라고 하는데 이를 일러주는 대로 잘 지키지 않으면 화를 당할 것이라는 점쟁이의 경고는 옐로카드 같은 것으로 받아들여져 왔다.

축구경기에서 볼이 골대를 맞고 튕겨져 나가면 그 팀이 진다는 징크스가 있다지. 또 장사하는 사람은 아침에 여자가 와서 처음으로 물건을 사면 재수 없다고 했고, 택시도 첫 손님으로는 여자를 태워주지 않았다. 지금도 시험이나 시합 때가 가까워지면 어떤 사람은 손톱도 깎지 않고 또 잘 때는 반드시 머리를 남쪽에 두고 자는 사람도 있다.

재미있지 않니? 근거도 별로 없는데 살아가면서 나름대로의 신화가 만들어진다는 것. 시험볼 때 잘 찍으라고 포크도 사주고 시험에 붙으라고 찹쌀떡도 사주고, 문제 잘 풀라고 휴지도 사주고……. 물론 지금도 끊임없이 금기가 만들어지고 있지. 너도 네 나름대로의 신화와 금기를 가지고 있겠지?

하지만 금기를 많이 만들면 너의 행동에 커다란 장애와 속박이 된다. 네가 밥을 먹지 않고 시험을 쳤더니 좋은 점수가 나왔다고 해서 그 다음부터 시험칠 때마다 아침밥을 먹지 않는 금기를 만든다면, 그 믿음은 자유지만 네 행위는 그만큼 자유롭지 못하다.

행위에 속박을 받으면, 그래서 네 손과 발이 묶이면 또 너는 무엇으로 뛰고 움직일 수 있단 말이냐. 수요일이라서 물을 피해야 하고 화요일이라서 불을 피해야 한다면, 언제 목욕을 하고 난방을 할 수 있겠니? 매일 아침 신문에서 나오는 '오늘의 운세'를 보고, 그걸 믿는 건 아니겠지?

금기를 만들 때 더 나쁜 것은 근거 없이 인과관계를 만드는 데 있다. 예를 들어 '밥을 굶고 시험을 쳤기 때문에 점수가 잘 나왔다'는 근거 없는 믿음을 말하는 거란다. 이와 같은 잘못된 인과관계를 데이비드 흄은 "이것 다음에, 그래서 이것 때문에(post hoc ergo propter hoc)"이라는 오류라고 했다. 우리 말로 하면 오비이락(烏飛梨落)인 셈이지. 즉 "까마귀가 날고 곧 배가 떨어졌는"데 "까마귀가 날았기 때문에 배가 떨어졌다"고 착각하는 것과 같다.

그래도 까마귀가 날았기 때문에 배가 떨어졌다고 네가 믿는다면, 할 수 없는 일이다. 마찬가지로 시험 전에 손톱을 깎았더니 재수 없어서 시험에 떨어졌다고 믿는다면, 비록 우스꽝스러운 믿음이지만 어쩔 수 없지. 하지만 이런 것들이 너무 많아지면, 너는 금기의 볼모와 얽매이는 존재가 된다는 사실을 잊지 말아라.

자유보다 금기를 좋아하는 인간

너 자유롭게 살고 싶지 않니? 또 네 자유에 속박이 생기는 걸 원하는 건 아니겠지. 도스토예프스키가 지은 『카라마조프가의 형제들』 가운데 '대심문관'이라는 부분을 읽어본 적이 있는지 모르겠구나. 그것은 작품 중 인물인 이반이 지었다고 자랑하는 대서사시인데, 대심문관인 추기경이 예수 그리스도 앞에서 인간에 대하여 매우 비판적으로 평가하는 부분이 있다.

인간은 자유보다는 빵, 자유보다는 기적을 바라는 존재라고 토로하고 있는 뼈아픈 대목이 바로 그것이다. 쉽게 자유를 포기하는 존재가 인간이라는 것이지. 하지만 "자유 아니면 죽음을 달라"는 외침도 있었음을 기억하고 있겠지?

너는 이러한 대심문관의 비난을 어떻게 생각하니? 네가 오늘의 운세를 보고 너 자신의 손금에 집착하며 또 점쟁이를 찾아가서 금기를 만들어놓고 그 금기에 의해서 네 삶의 진로를 결정한다면, 그것은 자유보다 금기를 더 좋아하는 존재라는 대심문관의 비아냥을 긍정하는 셈이다. 그렇다면 네가 자유를 좋아하는 존재라는 사실은 어떻게 입증할 수 있겠니.

너에게는 살아가면서 결정해야 할 중요한 선택들이 있다. 대학의 선택, 취업 선택, 결혼 배우자의 선택 등등……. 이 중대한 선택에서 네 자신의 판단에 의존하지 않고 운세나 점쟁이의 점, 혹은 부적에 의존한다면, 그것은 네가 인생의 용기 있는 개척자가 아니라 대책 없는 운명론자가 된다는 말이 아닐까.

또 그 정도까지는 아니라도 네 자신의 경험에 비추어 나름대로의 철칙이나 미신과 같은 요소를 만들어놓고 그걸 금과옥조처럼 지킨다면, 자기 결정적 존재, 자신의 운명을 개척하는 존재로서의 너의 모습은 어디에서 찾아볼 수 있겠니?

삶과 운명은 만들어 가는 것이다. 또 진인사대천명(盡人事待天命)이라는 말도 있구나. 부디 네 삶의 주위에 삶의 콩깍지 같은 부질없는 금기들을 만들지 말아라. 오로지 너의 의지와 용기, 인내와 결단에 의해서 네 중대한 삶의 이벤트에 임해 보지 않으련.

삶에 의미 부여하기

　삶이 고단하니? 혹은 삶의 권태로움에 빠져 있니? 너무 오랫동안 그저 앞으로만 내달리다 보니 정작 무엇을 위해 달리고 있었는지를 잊어버렸구나. 공부나 자기 할 일을 열심히 하지만, 무엇 때문에 열심히 하는지 알 수 없다는 건 안타까운 일이다.

　물론 삶의 무의미함을 인정하고 그걸 참고 견디어야 한다고 말하는 사람들도 많다. 그래서 "인생은 나그네길"이라고 했던가. 그러나 삶은 의미가 없는 것이 아니라 틀림없이 어떤 소중한 의미를 가지고 있는데, 이걸 합리적인 말로 설명하기가 어려워서 직면하게 되는 당혹스러움과 무력함을 견디어내야 하는 것이라고 바꿔 생각하면 어떨까.

　네가 공부를 열심히 해도 성적이 오르지 않아 의기소침할 수 있겠지만, 그럴 이유는 없다. 공부를 잘하는 것이 삶의 유일한 의미는 아니기 때문이지. 만일 공부 잘하는 것이 삶의 유일한 의미라면, 나중에 공부로 승부하지 않는 삶의 영역에 진입할 경우, 삶 자체가 무의미해질 것이 아니겠니.

　사실 살아가면서 네가 모를 수 있는 삶의 의미도 있지 않을까? 예를 들어 많은 실험용 쥐들은 인간의 질병을 퇴치하기 위한 목적으로 일부러 병균에 노출시키기도 하고 혹은 독극물 주사를 하기도 하고 혹은 장기의 일부분을 떼어내기도 한다. 동물 학대가 아닐 수 없구나.

　그러나 과연 실험용 쥐가 과연 부조리로 점철된 삶의 의미를 터득할 수 있을까. 물론 실험용 쥐는 그럴 수 없을 것이다. 실험용 쥐의 제한된 지능으로는 인간의 세계, 즉 삶의 의미를 이해할 수 있는 유일한 존재인 인간의 세계에 끼어들 수 없기 때문이지.

강을 건너게 해주는 다리를 생각해 보렴. 비가 많이 와 강이 범람하면 다리가 떠내려가기도 하지. 물론 다리는 그저 건너기 위한 다리일 뿐, 그 이외에 무슨 특별한 의미가 있겠니. 만일 다리가 스스로 존재의미를 느낀다면, 그것은 사람들로 하여금 강을 건네주기 위한 것이라고 할 것 아니겠니.

하지만 사람들은 그 평범한 다리에도 새로운 의미를 부여하기 시작했단다. 크레인의 시「다리」가 없었다면 뉴욕의 '부루클린 브리지' 도 그렇게까지 아름답게 보이지 않았을 것이다. 또 "강물도 흐르고 내 사랑도 흐르네" 하는 G. 아뽈리네에르의 시가 없었더라면 세느강의 여러 개 다리 중의 하나에 불과한 '미라보 다리' 가 그렇게 유명해질 수는 없었을 것이다. 지금은 제3한강교의 이름이 바뀌어졌지만, 제3한강교는 당시의 인기가수 혜은이가 부른 다음부터 서울시민들의 인식에 각인되기 시작했다.

다리를 그리는 화가, 다리를 소재로 한 문학작품, 다리의 아름다움을 담은 교향악들이 출현함으로써 별로 의미가 없었던 다리, 혹은 의미는 있었지만 그 의미를 쉽게 파악할 수 없었던 다리는 더욱 더 의미를 갖게 되는 것이 아니겠니. 또 그 의미는 사람들이 공유하게 되고……

소설『매디슨 카운티의 다리』처럼 말이다. 문제의 작품을 읽고 아침에 그 다리를 산책한다면 그 다리는 달라 보이게 마련이다. 틀림없이 감동의 산책로가 될 것 같구나.

너는 네 삶의 시인

너도 삶에 의미를 붙여보렴. 너 자신도 네 삶의 시인이 될 수 있지 않겠니? 시인이란 시를 짓는 사람, 즉 시인(詩人)이지만, 또 보는 사람, 즉 시인(視人)이기도 하다.

너는 삶을 어떻게 보고 있니? 다른 시인들이 물론 많은 시를 지었지만 그들이 지은 시에 따라 삶을 볼 필요가 없단다. 너는 다른 시인이 읊은 인생의 모습을 음미하며 삶이란 으레 그러리라고 체념하기보다는 네 자신의 눈으로 삶을 바라보면서 네 가슴으로 시를 읊어보렴.

너는 어떤 시를 지으려고 하니? 삶이란 흘러가는 것이라고 할 거니, 아니면 산에 오르는 것과 같다고 할 거니? 또 너는 벽에 걸린 달력을 매달 한 장씩 찢어낼 때마다 얇아져 가는 것을 두렵고 슬픈 마음으로 지켜볼 거니, 아니면 달력을 매달 한장 한장 모아두면서 추억을 차곡차곡 모아둘 거니?

궁금하구나. 사랑하는 연인들은 만난 지 100일, 만난 지 200일을 기념하고 있지 않니. 그렇다면 지나간 과거를 자부심과 기쁨으로 회상할 수도 있겠구나.

너는 무엇이 네 존재의 기념비가 될 것인가를 결정해야 한다. 삶의 의미를 어디서, 어떻게 찾을 건지를 말이다. 지금부터 네 삶을 두 번째의 삶이 주어진 것이라 볼 수는 없겠니.

너의 첫 번째 삶은 망가졌다고 생각하고 제2의 삶을 사는 것으로 생각해 보렴. 흔히 죽을병을 앓다가 기적적으로 완치된 사람, 혹은 사업에 실패했다가 재기한 사람, 혹은 알코올 중독에 빠졌다가 재활의 길을 걷고 있는 사람은 제2의 인생을 살고 있다고 스스럼 없이 고백하고 있다. 그렇다면 너도 새로운 결심을 하면서 제2의 인생을 살고 있다고 말할 수 있겠구나.

만일 네가 실패한 제1의 삶에 비해 제2의 인생을 살고 있다고 생각한다면, 네 삶의 의미는 새삼 부각될 것이다.

CHAPTER

19

진실한 사랑에 대하여

아버지가 자식이 물에 빠진 것을 건지기 위해서 물 속에 뛰어드는 것은 사랑의 감정이다.
사랑은 나 이외의 사람에 대한 행복을 위해서 발로된다.
인생에는 허다한 모습이 있지만 그것을 해결할 길은 오직 사랑뿐이다.
- 톨스토이 -

이제 너도 사랑을 알 때가 되었구나. 아니, 지금 누구와 열렬한 사랑을 나누고 있는지도 모르고 누군가 좋아하는 사람을 두고 가슴앓이만 할지도 모르겠구나.

사랑이야말로 인간만이 할 수 있는 고귀한 것이다. 별들이 사랑을 속삭인다고 말하지만, 실은 별과 같은 연인들이 사랑을 속삭인다고 말해야 정확하지 않겠니?

하지만 사랑은 고귀한 것인 만큼, 그것이 타락하면 가장 추한 것이 될 수도 있단다. 그래서 언제부터인가 "최상의 것이 타락할 때는 최악의 것이 된다(optima corruptio pessima)"는 플라톤의 고전적인 말이 금과옥조가 되었단다.

엊그제였다. 길을 가고 있는데, 어디선가 "사랑은 아무나 하나"라는 귀에 익은 태진아의 노래가 들려오더구나. 마침 엄마 손을 붙잡고 길을 가던 꼬마가 그 노래를 들었던지 같이 가던 엄마에게 묻고 있더구나. "엄마, 사랑은 누가 할 수 있는 거예요?" 그 엄마는 꼬마의 예상치 못한 질문에 당황하는 기색이 역력했다. 그리고는 "얘는…… 너는 몰라도 돼" 하면서 꼬마의 말을 막아버리지 뭐냐.

하지만 이 광경은 내 머리를 떠나지 않았고 한참 동안이나 천진

난만한 꼬마의 질문을 곱씹어보았다. "사랑은 누가 할 수 있는 거예요"라는 꼬마의 질문이야말로 당돌하면서도 정말 중요한 질문이라는 결론에 이르게 되었지.

물론 사랑은 '누구나' 할 수 있단다. 지금은 과거의 양반과 상놈처럼 반상의 구분이 엄격한 신분사회도 아니고 종이 있고 아씨가 있는 사회도 아니니까 '금지된 사랑'은 있을 턱이 없다. 하기야 옛날에도 바보 온달과 평강공주처럼 이룰 수 없는 사랑이 예외적으로 이루어지기도 했었지.

또 집안끼리 원수가 되어 사랑해도 사랑을 이룰 수 없는 로미오와 줄리엣은 더 이상 찾아볼 수 없게 된 것도 사실이다. 부모가 극구 반대하면 가출을 해서라도 사랑을 이루겠다는 용감한 연인들의 이야기가 그리 드물지 않은 세상 아니니. 사랑은 이렇게 자유로운 것이 되었지.

사랑의 자격

하지만 그 자유로운 사랑에 대하여도 '할 자격'을 물어볼 수 있지는 않을까. 그것은 마치 부모가 될 자격을 묻는 것과 비슷하다고나 할까. 누구나 부모가 될 수는 있지. 하지만 아이를 돌볼 만한 능력과 책임감이 없는 사람이라면, 아버지나 어머니가 될 자격이 있다고 말하기는 어렵지 않겠니.

그렇다면 남을 사랑하려는 사람의 자격은 과연 무엇일까? 아마도 제일 먼저 자기 자신을 사랑할 줄 알아야 한다는 점을 꼽을 수 있을 것이다. 언뜻 들으면 자기 자신을 사랑하라는 것이 무엇을 의미하는지 의아하기도 하겠지. 사랑을 할 땐 이타주의자가 되어야지 왜 나 자신을 사랑하는 이기주의자가 되어야 하느냐고 반문을 할 수 있지 않겠니? 물론 자기에 대한 사랑이 이기주의나 자기 중심주의를 말하는 것은 아니다. 이기주의란 자기 자신에 대한 잘못된 사랑의 표현일 뿐이라는 걸 잊지 말아라.

하지만 자기 자신을 사랑한다는 것은 결코 쉬운 일이 아니다. 자신에 대해서 항상 불만스러워하고 '나는 왜 이럴까' 하며 자기 자신에 대해서 끊임없이 자책하고 가혹한 비판만 하는 사람, 자기 자신의 잘못을 용서하지 못하고 심지어 자기 자신을 미워하는 사람, 너는 그런 사람을 아니? 혹시 네 자신이 그렇지는 않니?

그런 사람이야말로 자기 자신을 사랑하지 않는 사람이고 또 사랑이 무엇인지 모르는 사람이다. 자기 자신조차 따뜻하게 사랑할 줄 모르는 사람이 어떻게 다른 사람을 사랑할 수 있겠니? 자신을 포용할 줄 알고, 자포자기하려는 자신을 애써 끌어올리며 자기 자신의 잘못을 감싸안을 수 있는 사람, 바로 그런 사람이 자기 자신을 사랑하는 사람이다.

네가 어렸을 때 뭔가 네 부탁을 들어주지 않으면, 밥도 먹지 않은 채 그냥 학교에 간 적이 있지 않았니? 그건 네 스스로를 학대하는 행위다. 결국 자기 자신을 사랑할 수 있는 사람이야말로 비로소 남도 사랑할 수 있다.

사랑한다는 것, 좋아한다는 것

사랑한다는 것은 단순히 좋아한다는 것과는 다른 것이다. 초콜릿을 좋아하고 컴퓨터 게임을 좋아할 수는 있겠지만, 사랑한다고 말할 수는 없지 않겠니. 초콜릿을 사랑한다고 말한다면, 주위 사람들이 웃음을 못 참을 것 같구나. 어렸을 때 너도 좋아한다는 감정을 가진 적이 있었지. 그래서 이웃집 꼬마하고 아기자기한 소꿉살림을 했지.

물론 사랑에 '좋아한다는 것'이 빠지면 사랑이라고 할 수는 없다. 사랑에 좋아한다는 것이 빠진다면 '팥 없는 찐빵'과 다를 게 무엇이겠니. 사랑을 할 때 사람들도 "사랑을 한다"는 표현보다 "사랑에 빠진다"는 표현을 쓰고 있는 것도 이런 까닭일 것 같구나. 좋아한다는 감정이 너를 사로잡을 때 그 때 너는 사랑에 빠지는 것이다. 바다에 빠지는 것처럼……. 한 번 빠지면 헤어나지 못하는 것, 그게 사랑이다. 만날 때 기쁘고 헤어질 때 서러운 것, 분명히 그건 좋아하는 감정이고 사랑의 감정이다.

하지만 좋아한다는 것은 사랑에 있어 '필요조건'은 되지만 '충분조건'은 될 수 없다. 사랑은 좋아한다는 것만으로는 부족하고 상대방에 대하여 책임을 느끼는 그 어떤 것이기 때문이다. 책임 없이 좋아할 수는 있겠지만, 책임 없이 사랑해서는 안 된다.

좋아한다는 것은 감정의 문제이다. 그러나 사랑은 감정의 문제를 넘어선 인격의 문제임을 잊지 말아라. 즉 싫어하고 좋아한다는 선호의 문제를 넘어서서 책임과 헌신에 관한 문제가 너에게 다가

온다면, 그게 바로 사랑이다.

사랑한다는 것은 그 사람을 아끼는 것이다. 상대를 아끼고 상대에 대하여 성실하고자 하기 때문에, 때로는 상대에 대한 너의 욕구도 자제할 수 있어야 한다. 사랑한다고 하면서도 네 욕구를 자제할 수 없다면, 그것은 불성실의 표시다.

그렇기 때문에 네가 진정으로 누구를 사랑한다면, 그의 순결을 지켜줄 수 있는 거야. 그럴 각오가 없다면, 그런 헌신의 마음이 없다면 사랑한다는 말을 쉽게 해서는 안 된다.

너는 정녕 사랑을 할 수 있는 자격을 갖추고 있는 거니? 그렇다면 안심이다. 하지만 사랑에 있어 자격은 필요하지만 자격증을 주는 곳은 없다. 네가 스스로 자격증을 만들어 갖는 것이지. 사랑을 할 땐 희열만 찾아오는 것이 아니고 슬프고 아픈 감정도 쉴새없이 넘나든다. 마치 온탕과 냉탕 속에 번갈아 들어가는 것처럼……. 때로는 눈물도 흘려야 한단다.

하지만 사랑은 좋아한다는 걸 넘어선 그 어떤 것이다. 상대방에 대하여 헌신할 수 있고 성실할 수 있는 능력 말이다. 아직도 내 귀에는 "사랑은 아무나 하나, 어느 누가 쉽다고 했나"라는 노래 가사가 마음에 와 닿구나.

외로움 때문에 사랑하지는 말아라

너는 외로움을 느끼고 있지는 않니? 엄마도 있고 나도 있어서 너는 외롭지 않으리라고 생각해 왔지만, 그래도 네가 외로움을 느끼고 있다는 점은 충분히 예상한다. 아마도 네게는 엄마와 나와는 다른, 어떤 이성의 상대가 그립겠지.

하지만 외로움 또한 네 삶의 한 부분이란다. 외로움은 쓸쓸하고 호젓한 것이기는 하지만, 그래서 한편으로 외로움이란 없어지기 위해서 존재하는, '푸근함의 결여' 같지만 꼭 그것만은 아니란다.

오히려 외로움은 독립과 자유의 상징이고 자율의 상징이기도 하다. 네가 무엇인가 할 수 있고 네 마음대로 할 수 있고 누구의 구속도 받지 않고 네가 하고 싶은 것에 몰두할 수 있다면, 그것은 네가 외로울 때다. 혼자 산책을 하거나 책을 읽으면서 무엇인가 네 영혼의 삶을 풍요하게 만들 수 있는 궁리를 하는 것도 바로 외로울 때가 아닐까.

왁자지껄하고 북적북적거리는 곳은 비록 외롭지는 않겠지만, 네가 하고 싶은 것을 네가 하고 싶은 대로 할 수는 없을 거야.

그런 의미에서 보면 사랑은 외로움을 떨쳐버릴 수 있는 묘약이면서도 구속과 간섭의 굴레라고도 할 수 있다. 네가 다른 누구와 사랑을 한다면 서로간의 구속과 간섭을 받아들인다는 의지의 표현이 아니겠니?

혹시 구속과 간섭이라는 말이 싫다면, 배려와 헌신이라고 하자꾸나. 하지만 어떠한 표현을 사용하더라도 네가 사랑하기 이전보다는 자유롭지 못하다는 사실은 변하지 않는다.

우리 주변에는 사랑과 간섭으로 인하여 숨이 막힐 지경이라고 말하는 사람도 있지. 어딜 가더라도 사랑하는 사람에게는 어딜 간다고 말해야 하지 않겠니. 또 무얼 하더라도 사랑하는 사람에게는 무얼 한다고 솔직하게 고백하는 것이 도리가 아니겠니. 또 누굴 만난다면 누구를 무슨 일 때문에 만난다고 사랑하는 이에게 말해야 할 것이다. 더구나 요즘은 휴대폰이 있으니깐 도망갈 여지도 없고 그런 사랑의 의무로부터 벗어날 수도 없구나. 또 그걸 '사랑의 굴레'라고 하지.

하지만 '사랑의 굴레'라도 굴레인 것이 분명하다면, 그것은 구속이며 자유의 훼손이라 볼 수 있다. 사랑으로 구속되어 외로움을 털어버리려고 하는 것은 인간의 소망이지만, 굴레로부터 벗어나 훨훨 날아다니는 새처럼 살고 싶은 것도 인간의 또 다른 소망이다.

외로움도 때로는 네게 다정한 벗이 되기를

사랑하는 사람과 절교하거나 이별을 체험한 사람의 말을 들어보았니? 절교한 그 순간부터 자유와 더불어 외로움을 절감한다. 아침부터 잠을 깨우며 요란하게 울리던 휴대폰 소리도 뚝 끊기고, 밥을 먹었냐고 다정하게 묻곤 했던 목소리도 들리지 않는다. 물론 너의 하루를 묻는 다정한 목소리도 사라져버린다. 그리고 저녁때마다 들려오는 "좋은 꿈꾸고 잘 자라"는 말도 실종된다.

자유로워졌지만 그만큼 외로워진 것이다. 물론 외로우니깐 또 다른 사랑을 찾아나서겠지. 그러나 외롭기 때문에 사랑을 찾아나서는 사람은 사랑 때문에 구속과 속박을 느끼게 된다는 것을 쉽게 잊어버리는 사람이다.

외롭기 때문에 사랑을 찾아나서는 사람은 정작 사랑하는 사람을 만나면 그 순간부터 또 자유에 대한 그리움을 느끼게 되기 때문이다. 외롭기 때문에 자유롭다는 걸 잘 알지 못하는 사람의 비애가 바로 여기에 있다.

행여 너는 외롭다는 이유 하나만으로 사랑하는 이를 찾아나서지는 말아라. 사랑은 외로움을 달래주는 것이기는 하지만, 또 다른 책임과 부담을 안겨주는 것이다. 단지 외로운 때문에 사랑을 찾게 되는 사람은 실패하게 마련이다. 사랑은 네가 성장하는 과정에서 찾아야 하는 그 어떤 아름답고 가치 있는 것일 뿐, 심심풀이 땅콩 같은 것이 아니다.

사랑은 영혼이 성숙한 상태에서 찾아야 하는 그 어떤 것이다. 헌신의 의미를 알게 될 때, 배려의 의미를 알게 될 때, 그때 비로소 너는 사랑하는 이를 찾아도 늦지 않단다.

물론 외로워 잠못 이루는 밤처럼 마음 아픈 일이 어디 있겠니. 하지만 사랑을 함으로써 외로움이 가셔지기는 하지만 외로움을 없애기 위해 사랑하지는 말아라. 사랑이란 네 영혼이 책임과 헌신의 의미를 알 만큼 성숙했을 때 비로소 나눌 수 있고, 가질 수 있는 것이다.

사랑을 찾기 전에 외로움에 떨며 울기보다 네 주어진 자유를 마음껏 만끽하며 가능성을 키우는 것이 어떨까. 외로움도 때로는 네게 다정한 벗이 되기를 빈단다.

네 영혼과 그의 영혼 사이에 바람과 햇볕을!

　네게 사랑하는 사람이 생겼구나. 발렌타인 데이와 연이은 화이트 데이 때 초콜릿과 사탕을 주고받았다고 자랑하더니, 너희들의 사랑이 익어가는 것 같다. 어쩐지 네 표정이 달라 보이고 네 주위에는 밝고 명랑한 빛이 감돌고 있다. 생명력을 발산하고 있는 네 모습이 정말로 보기 좋다. 목소리에도 힘이 넘쳐흐르고 있고 삶의 생기를 한껏 풍기는구나.

　사랑을 하면서 그 사람과 함께 있고 싶고, 함께 놀러가고 싶은 마음을 느끼고 있지? 왜 함께 먹고 싶지는 않겠니. 또 항상 휴대폰으로 "지금 뭐하고 있니" 하고 끝없이 묻고 확인해도 질리지 않겠지. 만일 서로 사랑한다고 말하면서도 서로 따로 떨어져 있고 따로 시간을 즐기려 하며 식사를 각자 한다면, 그건 사랑이라고 말하기 어려울 거야. 혹은 정말로 사랑을 하고 있는 건지 의심을 해볼 만하다.

　사랑은 서로 같이 있고 싶고, 같이 나누고 싶은 것이지. 짝사랑이 아닌 한, 취미도 나누고 여가도 나누고 추억도 나누고 또 비밀도 나누고……. 사랑한다고 하면서 비밀을 나누려 하지 않는다면 그건 사랑이 아니야. 그 어떤 비밀이라도 좋지. 과거의 비밀, 공공연한 비밀, 일신상의 비밀을 나누려 들지 않는다면, 그것은 불성실의 시작이 아닐까.

　하지만 사랑을 하되, 사랑으로 서로를 구속하지 말라는 말을 하고 싶구나. 함께 있고 함께 즐기고 함께 먹되, 반드시 거리를 두렴.

거리를 두어 생긴 공간 속에 너와 네 사랑하는 사람 사이에 바람과 햇볕이 스며들게 하면 어떻겠니? 너의 영혼과 네 사랑하는 사람의 영혼 사이에 담은 아니지만 풀밭을 둘 수는 없을까? 함께 노래하고 춤추며 함께 즐거워하되 서로 따로따로 노래하고 춤추는 시간을 가질 수 있는 그런 곳 말이다.

흔히 사람들은 사랑하면서 둘이 아니라 한몸이 된 것처럼 행동한다. 하지만 한마음과 한몸이 되는 일심동체는 바람직한 것이 아니다. 너와 그는 함께 서 있어야 하지만 너무 가깝게 서 있는 것은 좋지 않다.

웅장한 교회건물을 받치고 있는 기둥을 보렴. 또 고층아파트를 받치고 있는 기둥을 보렴. 이들은 서로 힘을 합치고는 있지만, 서로 붙어 있는 것은 아니지 않니? 너무 가까이 서 있으면 서로가 서로에게 그늘을 드리우게 되고 또 드리워진 그늘 속에서 너의 영혼과 그의 영혼은 시들지언정 자랄 수 없는 것이다.

너의 영혼과 그의 영혼이 아름답게 성장하려면 바람과 햇볕이 필요하지 않겠니? 너와 그 사이에 간격이 있고 틈이 생겼을 때 비로소 바람이 일렁이고 햇볕이 비출 수 있는 것이다.

바이올린과 피아노의 이중주처럼 사랑하기

너와 네 사랑하는 사람은 같이 티셔츠를 맞추어 입고 또 커플링도 교환했겠지. 하지만 같은 붕어빵이 되어서는 안 된다. 부디 너는 자신의 인격과 정체성을 간직하고 살리도록 애써라. 또 너의 사랑하는 사람도 그의 고유한 인격과 정체성을 간직하고 살리도록 허용해라.

'화이부동(和而不同)'이란 말을 들어보았니? 조화를 이루되 하나가 되는 것은 아닌 게 화이부동이다. 하나가 되면 조화를 이룰 수가 없지. 그렇게 된다면 '동이불화(同而不和)'가 될 뿐이다. 사랑은 '동이불화'가 되어서는 안 되고 '화이부동'이 되어야 한다.

마치 현악기의 줄들이 하나의 음악을 연주할지라도 줄은 각각 혼자이듯이, 피아노의 건반들이 하나의 음악을 만들어내도 건반은 서로 혼자이듯이, 너와 그가 서로 사랑하더라도 영혼과 마음은 따로따로 간직하는 것이 좋다.

오케스트라가 아름다운 교향곡을 연주할 때 바이올린과 피아노, 트럼펫과 첼로가 모두 하나의 소리를 내는 것은 아니잖니. 그들이 모두 따로 따로 소리를 내기 때문에 그들이 모여 화음을 이루고 교향곡을 만들어낼 수 있는 것이다. 너도 그와 사랑의 이중주를 할 수 있겠구나. 바이올린과 피아노, 첼로와 피아노처럼…….

너는 바이올린이니, 첼로니? 그는 피아노니? 궁금하구나. 사랑에도 품앗이가 있다는 것을 잊지 말아라. 너와 그가 서로 연주하되, 한쪽 음악만을 연주하고 들으려고 해서는 안 된다. 너와 사랑하는 사람이 서로의 잔을 채워주되 한 쪽의 잔만을 마셔도 안 되지. 서로의 빵을 주되 한 쪽의 빵만을 먹는 것도 곤란하구나. 또 너와 그는 함께 하면서도 한 쪽의 연주, 한 쪽의 잔, 한 쪽의 빵만 탐닉하지 말아라.

사랑은 무조건적으로 주는 것도, 무조건적으로 받는 것도 아니다. 오히려 '품앗이'처럼 상호적인 것이라고 해야 하겠지. 주기만 하는 것은 '자선'이요, 받기만 하는 것은 '가난'이 아니겠니? 결국 사랑은 주면서 받는 것이다.

너와 그 사람이 사랑하되, 사랑으로 지나치게 구속하지 않으면서, 너의 영혼과 그의 영혼 사이에 햇볕과 바람이 들 만큼, 간격을 두면서 사랑으로 성장하기를 빈다.

이런 사랑도 있구나!

내겐 대학교 시절 절친한 친구가 있었다. 이름은 김정훈. 나와 같은 나이였지. 우리는 신부가 되려고 가톨릭 대학을 선택했지. 그는 모든 면에서 나보다 한 수 위였지. 공부도 탁월했고, 글쓰기를 좋아해서 언제나 펜과 수첩을 가지고 다녔다.

그런 그가 오스트리아에 있는 인스부룩대학에 유학을 가도록 결정되어 우리 동급생들로부터 부러움의 대상이 되었단다. 하지만 인스부룩을 가기 전에 그는 독일어를 배워야 했고 이를 위해 주한 독일문화원인 괴테 인스티투트를 다녔다. 그런데 거기서 한 아름다운 아가씨를 알게 되었지. 그녀 역시 독일 마르부르그 대학에 가서 신학을 공부하기 위해 독일문화원을 다니던 아가씨였다.

어느 날 괴테 인스티투트에서 독일어 시험을 쳤는데 그녀가 1등을 하고 정훈이가 2등을 하는 바람에 둘은 자연스럽게 친해졌고 많은 이야기를 나누게 되었다. 그리고는 다정해졌고 사랑이 싹텄지……. 어느 날은 이야기에 빠져 수업도 빼먹었노라고 나중에 고백하기도 했었다.

그러나 정훈이가 심각한 실존적 고민에 빠져들기 시작한 것도 이 무렵이었지. 신부가 되려고 하던 한 젊은이가 아가씨와 계속해서 사랑을 속삭일 수는 없었던 거야. 정훈이는 결국 결단을 내렸고, 드디어 인스부룩으로 떠나기 3개월 전쯤 이별의 편지를 썼다. 그 편지를 한 번 읽어보렴.

이 시각을 위해 사귀어왔다는 말이 과언이 아닐 정도로 저는 초조하리만치 이 순간을 기다려왔습니다. 뜻밖의 이 편지를 받고 놀라시리라 믿습니다만 끝까지 읽으시길 바랍니다. 이 글이 가능한 근거는 우리가 하느님을 지고로 모시고 있고, 그동안 당신이나 저나 거짓 한 점 없이 서로에 성실하였다는 사실 자체에 있습니다. 무슨 얘기를 하려는지 벌써 짐작을 하실지 모르나 정말 그렇습니다. 지금 결단을 내려야 합니다. 일찍이 저는 신부행을 결심했습니다. 설령 사람에게는 이미 정해진 길이 있는 것이 아니라 해도 저의 그 선택에는 후회나 변함이 없습니다. 당신은 제게 너무나도 소중한 분이었습니다. 지난번에 당신이 말한 뜻대로 그동안 우리는 분명 서로에게 성실하였습니다. 그러나 한계가 있다는 것 자체가 피치 못할 불성실의 시작입니다. 그렇습니다. 제가 당신을 아끼는 그만큼 이 문제는 절실합니다. 이 문제는 누가 무어라 해도 어떤 식으로 가설을 세운다 해도 사실입니다. 이 점을 항상 의식한 저는 두려워하면서도 이 시각을 기다리고 있었습니다. 한껏 회피하려 했으나 결단은 있어야 할 것이 분명합니다. 그리고 빠를수록 좋을 것입니다. 비참하고 단호한 심정으로 이 글을 씁니다. 저는 이 글을 쓰기가 쉬웠고, 당신은 읽기가 어려웠다고 믿고 싶지 않습니다. 우리의 만남, 사귐이 그렇게 순수했던 것처럼 이 시각도 서로에게 순수해야 하고, 전적인 동의로서 받아들여져야 한다고 믿습니다. 당신은 당신의 길을 힘차고 명랑하게 가십시오. 저도 제 길을 용기 있게 웃으면서 가렵니다. 이상이 제가 쓰고 싶은 전부입니다. 사실 당신은 이 글의 진의를 잘 알고 계십니다. 저의 집 전화번호도 알고 또 찾을 수도 있겠지만 서늘 찾지 마십시오. 이별은 엄청난 사건이지만 한순간에 이루어집니다. 저도 결코 당신을 찾지 않겠습니다.

이 편지를 쓴 때가 1973년 12월 26일이었고 그는 예정대로 인스부룩으로 떠났고. 그후 사제가 되기 위한 길에 정진했다. 그러다가 1977년 5월 어느 날 알프스의 어느 산에서 지도신부님 및 동료들과 등반을 하다가 실족하여 순결한 영혼으로 세상을 떠났구나. 그때는 신부가 되기 전 부제였지. 그를 진정으로 사랑했던 많은 사람들을 뒤로 남긴 채…….